Rette den Hengst Baldur vor den Entführern!

Tauche ein in ein spannendes Escape-Abenteuer und löse zusammen mit Lisa, Maja und Valerie den Fall. Schafft ihr es, die Verbrecher aufzuhalten, bevor sie das wertvolle Pferd Baldur entführen können?

Der Escape-Adventskalender ist in 24 Kapitel unterteilt. Allerdings gibt es dabei ein kleines Hindernis: Die Kapitel sind nämlich nicht in der richtigen Reihenfolge angeordnet, sondern kreuz und quer im Buch verteilt. Um herauszufinden, wo die Geschichte weitergeht, musst du also zunächst das jeweilige Rätsel knacken. Die

korrekte Antwort führt dich zu einem Stern, der sich auf einer der geschlossenen Vorderseiten versteckt. Hast du den richtigen Stern gefunden, kannst du diese Seite am nächsten Dezembertag auftrennen und das Abenteuer weiterverfolgen. Jeder Stern taucht zwar nur einmal auf, aber du solltest trotzdem genau hinschauen, denn manche Sterne ähneln sich ein bisschen. Möchtest du deine Antwort sicherheitshalber noch einmal kontrollieren, kannst du einen Blick auf die Lösungen am Ende des Adventskalenders werfen. Dort findest du die richtigen Antworten für jedes Rätsel.

Gelingt es dir, alle 24 Rätsel zu lösen, rettest du Baldur, und Lisa, Maja und Valerie können alle Vorbereitungen für ein wunderschönes Weihnachtsfest unbesorgt erledigen.

Bist du bereit? Dann kommt hier ein allererstes Rätsel zum Aufwärmen. Die richtige Antwort zeigt dir, auf welcher Seite der Escape-Adventskalender beginnt.

Viel Spaß beim Rätseln und eine schöne Adventszeit!

Welche Tiere leben auf jeden Fall auf einem Reiterhof?

⭐ Pferde

⭐ Schweine

⭐ Kühe

Hast du die Lösung gefunden? Dann öffne die erste Seite und stürze dich in ein unvergessliches Abenteuer!

Als Lisa den Brief entdeckte, wusste sie sofort, von wem er war. Nur Onkel Arthur verzierte seine Post mit so kunstvollen Zeichnungen. Behutsam strich Lisa über den kleinen Engel, bevor sie zu lesen anfing.

 *Liebe Lisa!*

Endlich beginnt der Advent! Leider hatte ich bis jetzt keine Zeit, mein Haus fertig zu schmücken. Deshalb möchte ich deine zwei Freundinnen und dich um Hilfe bitten. Habt ihr Lust, mich übers Wochenende zu besuchen? Lichterketten müssen aufgehängt, der Weihnachtsmann und seine Rentiere in den Garten gebracht und viele andere Dinge erledigt werden. Ich zähle auf euch!

Weihnachtliche Grüße
dein Onkel Arthur

„Oh wie toll!", dachte Lisa. Sie hätte vor Freude die ganze Welt umarmen können. Ohne zu zögern flitzte Lisa zum Telefon und rief ihre besten Freundinnen Maja und Valerie an.

„Und sein Haus ist wirklich so groß?", fragte Valerie zum hundertsten Mal, als die drei Mädchen ein paar Tage später im Auto von Lisas Mutter saßen und auf dem Weg zu Onkel Arthur waren. „Ja, und er hat wirklich so viele Pferde", antwortete Lisa erneut. Sie war mächtig stolz auf ihren Onkel und seine Hobbys. Er war nämlich nicht nur der allergrößte Weihnachtsliebhaber, sondern auch ein sehr guter Springreiter.

Nach einer scheinbar endlos langen Fahrt hielt Lisas Mutter vor einem schmiedeeisernen Tor.

„Ich lass euch hier raus, Lisa, in Ordnung? Ich muss gleich weiter und deinen kleinen Bruder vom Training abholen", sagte sie. „Außerdem ist der Weg zum Haus nicht geräumt und mein Auto schafft das nicht." Sie zeigte auf die Einfahrt, von der sich bloß eine einzige Reifenspur durch den tiefen Schnee zog.

„Kein Problem. Kommt!", sagte Lisa und stieg aus. „Wie schön ruhig es hier ist", staunte Valerie, nachdem sie dem Wagen von Lisas Mama hinterhergewunken hatten.

Die Mädchen stapften durch den verschneiten Garten zu dem riesigen Wohnhaus und Lisa klopfte mit der Faust mehrfach gegen die Tür.

„Gibt's keine Klingel?", fragte Maja, als niemand öffnete.

„Nö." Lisa rüttelte an der Klinke, doch die Tür war fest verschlossen.

„Ob er uns vergessen hat?" Maja sah besorgt drein und stellte sich wohl schon vor, wie sie die Nacht im Freien verbringen würden.

Lisa schüttelte entrüstet den Kopf. „Onkel Arthur würde mich nie vergessen. Wo steckt er bloß?"

Valerie warf einen Blick auf ihr Handy. „Verflixt, wir können ihn nicht einmal anrufen. Ich habe hier keinen Empfang ..."

„Vielleicht hat er das Klopfen nicht gehört." Lisa lief die Hausmauer entlang, um nach einem offenen Fenster zu suchen.

„Hey, Leute! Guckt mal, was ich gefunden habe!", rief Maja da.

Zwischen den Zweigen eines Busches steckte eine rote Blume aus gefaltetem Papier. Auf ihren Blütenblättern standen die Namen der drei Mädchen. Vorsichtig faltete Maja die Blume auseinander und sah Lisa beim Anblick der Zeichnungen, die dabei zum Vorschein kamen, ratlos an.

„Das muss eine geheime Botschaft sein!", wusste Lisa sofort. „Typisch! Onkel Arthur liebt Rätsel fast so sehr wie Weihnachten und Pferde. Damit will er uns sicher sagen, wo wir ihn finden."

„Ein Zettel an der Haustür hätte es auch getan", brummte Valerie, während Maja und Lisa bereits über der Lösung des Rätsels brüteten.

Wo ist Onkel Arthur?

⭐ Im Wald

⭐ Auf der Wiese

⭐ Im Schuppen

Die geheime Botschaft findest du auf der nächsten Seite ...

Gratulation! Wenn ihr diesen Hinweis entdeckt habt, seid ihr sehr aufmerksame Beobachterinnen. Jetzt bekommt ihr sicher ganz schnell raus, wo ich gerade bin. Einen kleinen Hinweis gebe ich euch aber natürlich. Viel Spaß mit dem Rätsel!

Onkel Arthur

G = S

W = H

M = H

Na, kannst du herausfinden, wo Onkel Arthur ist?

„**4** 10, 4, 2, 0, 7. Alles klar, ich habe den Code für den Stall auf meinem Handy gespeichert. Wir wollen ja nicht, dass es uns wie dem Gorilla geht", sagte Valerie, nachdem sie das Rätsel gelöst hatten.

„Hoffentlich fällt ihm der andere Reim nicht wieder ein. Onkel Arthur scheint irgendwo einen Ersatzschlüssel versteckt zu haben, und wenn sie den finden ..." Lisa verstummte, als sie Majas schreckgeweitete Augen sah. „Kommt, suchen wir im Wohnzimmer nach dem nächsten Hinweis", sagte sie deshalb schnell.

„Hier gibt's doch gar keinen Fernseher", stellte Maja fest, als sie den Raum betraten. Lisa machte ein geheimnisvolles Gesicht und ging zu einem Schrank. Mit einer feierlichen Bewegung öffnete sie die Schiebetüren.

„Taaa-daaa!" Ein riesiger Bildschirm kam zum Vorschein.

„Wahnsinn!" Valerie klappte erstaunt den Mund auf.

„Wie im Kino, oder?", sagte Lisa und musste an die gemütlichen Fernseh-

abende mit ihrem Onkel denken.

„Aber wie kommen wir hinter den Fernseher? Das Ding ist viel zu schwer für uns, um es zu bewegen." Vorsichtig rüttelte Valerie daran. „Und wenn wir nicht aufpassen, landet er auf dem Boden und den Knall hört man bis China."

Lisa steckte ihren Kopf in den Schrank, um zu überprüfen, wie viel Platz dahinter war. Nachdenklich musterte sie Maja von oben bis unten. „Was ist?" Maja guckte ebenfalls an sich hinunter.

„Ich weiß, dass du nicht gern über deine Größe redest ..." Lisa wählte ihre Worte sorgfältig, denn Maja litt oft darunter, dass sie die Kleinste der Klasse war. „Aber wenn du den Bauch einziehst, passt du vielleicht hinter den Fernseher."

Maja sah gar nicht begeistert drein, aber auch ihr war klar, wie wichtig der nächste Hinweis war. „Schon gut. Ich probier's."

Während sie vorsichtig in den Schrank kletterte, hielten Lisa und Valerie den Fernseher fest.

„Schaffst du es?", fragte Valerie.

„Ja, gleich." Maja ächzte, aber schlussendlich

zwängte sie sich in den engen Zwischenraum.

„Und, siehst du etwas?", drängte Lisa.

„Ja, Staub." Maja nieste aus Leibeskräften. Unruhig zappelte Lisa hin und her. Vor lauter Ungeduld wäre sie am liebsten selbst in den Schrank gekrochen. Da rief Maja: „Ich habe den Hinweis gefunden!"

„Und der Römer? Sitzt der auch dort hinten?", fragte Valerie.

Für einen Augenblick wurde es ruhig. „Nö", sagte Maja. „Aber jemand hat etwas auf die Rückseite des Fernsehers gekritzelt. Diesmal ist es nicht nur ein V, sondern ein V und zwei I."

Plötzlich fiel es Lisa wie Schuppen von den Augen. „Ich weiß, was mit dem Römer gemeint ist!", rief sie aufgebracht. „Das V und das I sind römische Zahlen!"

„Quatsch, das sind Buchstaben", erwiderte Valerie.

„Ja, aber im alten Rom hat man diese Buchstaben auch als Zahlen benutzt. Ich erklär's dir nachher. Lasst uns zuerst das Rätsel lösen."

„Könnt ihr Karten lesen?", fragte Maja, die gerade aus dem Schrank kletterte. Auf dem Zettel, den sie gefunden hatte, war ein Plan abgebildet, der eindeutig das dritte Stockwerk des Hauses mit all seinen Räumen zeigte. Einer davon war mit einem roten X markiert.

„Da ist also unser nächstes Ziel", sagte Lisa mit einem Lächeln. „Lasst uns ein Foto von der Karte machen und sie zurück an ihren Platz legen, damit uns Alfons Kirsche nicht auf die Schliche kommt."

„Der wird sich mit seinem Gorilla doch sowieso im Keller verirren", erinnerte Maja sie und Valerie sagte mit einem schelmischen Grinsen: „Und bis sie merken, dass sie nicht weiterkommen, sind wir mit der Schlüsselkarte längst über alle Berge."

Durch wie viele Räume müssen die Mädchen laufen, um dorthin zu gelangen?

24

19

13

Der Plan ist auf der nächsten Seite.

Auf dem Plan des dritten Stockwerks ist zu sehen, welche Türen nicht verschlossen sind und wie man auf dem schnellsten Weg zu jenem Raum gelangt, in dem sich der nächste Hinweis versteckt.

„Bist du dir sicher?", fragte Valerie noch einmal und Maja nickte. „Absolut sicher! Es müssen Autoschlüssel gewesen sein."

„Hm, vielleicht ..." Lisa erkannte darin sofort eine perfekte Gelegenheit und erklärte den anderen ihre Idee. „Wenn wir uns den Schlüssel schnappen, dann sitzen die beiden Kerle hier fest. Sie haben ihr Auto bestimmt bei der Einfahrt geparkt, weil sie nicht durch den tiefen Schnee fahren konnten. Das ist unsere Chance, sie aufzuhalten!"

„Du hast recht!" In Valeries Augen funkelte die Entschlossenheit.

Maja aber schnappte nach Luft. „Und was machen wir, wenn sie uns erwischen?"

„Laufen", antwortete Valerie trocken und erntete dafür einen strengen Blick von Lisa.

„Können wir nicht einfach warten, bis dein Onkel zurück ist?", jammerte Maja.

„Bis der wiederkommt, ist Baldur wahrscheinlich schon längst über alle Berge", erwiderte Valerie. Maja wischte sich mit dem Ärmel über das Gesicht. „Aber die beiden haben die Schlüsselkarte doch gar nicht und ohne die können sie die Box nicht öffnen."

Valerie runzelte die Stirn. „Da wäre ich mir nicht so sicher. Wenn sie den Stall-Code kannten, haben sie vielleicht auch die zweite Schlüsselkarte gefunden."

Lisa schüttelte den Kopf. „Bestimmt nicht. Onkel Arthur meinte doch, dass er jeden Morgen überprüft, ob die Schlüsselkarte an ihrem Platz ist. Und heute Früh war sie noch da. Die Männer hätten also heute im Laufe des Tages ins Haus einbrechen und alle Rätsel knacken müssen. Das wäre uns sicher aufgefallen."

Valerie hob beide Hände. „Okay, du hast recht. Aber was machen wir jetzt?"

„Ich finde, wir sollten Onkel Arthur anrufen", sagte Maja.

Valerie zog ihr Handy aus der Tasche und hielt es Maja unter die Nase. „Siehst du das? Kein einziger Strich. Wir haben hier keinen Empfang." Lisa wollte es trotzdem versuchen und wählte Onkel Arthurs Nummer. Nichts geschah. Nicht einmal der kleinste Piep ertönte.

„Gibt es kein Festnetztelefon?" Maja sah Lisa mit hoffnungsvollem Blick an. „Irgendwie muss dein Onkel doch telefonieren, oder nicht?"

Lisa wurde ein bisschen rot und musste sich ein Kichern verkneifen. Natürlich gab es ein Festnetztelefon, aber seit einem Blitzeinschlag im letzten Sommer war die Leitung defekt und Onkel Arthur hatte sie immer noch nicht reparieren lassen. Jedes Mal, wenn Lisas Mutter ihn danach fragte, schlug er die Hände vor den Mund und rief: „Ups! Das habe ich ja ganz vergessen."

„Also mit dem Festnetz ist das so eine Sache …", fing Lisa an, da unterbrach Valerie sie freudig. „Dort steht es doch!" Sie hastete durch die Küche zu dem schnurlosen Telefon, das auf einem Tischchen neben dem Kühlschrank stand, und hielt sich den Hörer ans Ohr. Schlagartig wurde ihr Gesicht zu einer versteinerten Grimasse. „Die Leitung ist ja tot!"

„Ja, das Ding funktioniert leider nicht", murmelte Lisa betreten.

Da ertönte vom Stall her lautes Gepolter und die Mädchen sahen sich alarmiert an.

„Es gibt keinen anderen Weg. Wir müssen uns den Autoschlüssel schnappen! Ohne den können sie nicht so leicht von hier weg und wir haben eine Chance, Baldur zu retten", rief Valerie

und legte das Telefon unsanft zurück an seinen Platz.

„Oder habt ihr eine bessere Idee?"

Lisa guckte Maja fragend an, die daraufhin ein tiefes Seufzen ausstieß. „Na gut … wenn ihr meint …" Nachdenklich musterte Lisa die vielen Schlüssel, die neben der Hintertür an der Wand hingen. „Jetzt müssen wir nur noch rauskriegen, welcher davon der richtige für die Hintertür ist", sagte sie.

Welcher Schlüssel ist der richtige?

s

q

k

Die Schlüssel siehst du auf der nächsten Seite.

Alle Schlüssel haben einen Doppelgänger. Den richtigen Schlüssel gibt es aber nur ein Mal. Kannst du ihn finden?

„Denen geht es nur ums Geld", rief Maja aufgebracht und Valerie fragte: „200.000 Euro! Hat dein Onkel so viel Kohle?"

„Keine Ahnung ..." Lisa schluckte, weil sich ihr Hals plötzlich so trocken anfühlte. „Aber wenn nicht, ist Baldur für immer verloren."

„Es muss doch einen Weg geben, wie wir einen Hilferuf absetzen können", überlegte Valerie.

„Lasst uns zum Haus zurückgehen", schlug Lisa vor. „Vielleicht finden wir ein Funkgerät oder etwas Ähnliches."

„Hört ihr das?", flüsterte Maja, als sie vorsichtig durch den Schnee zurückschlichen. Angestrengt lauschten die Mädchen in die Dunkelheit und hörten die Stimmen der beiden Männer. Auf Zehenspitzen tappten sie ein Stück näher. Die Einbrecher standen mit grimmigen Gesichtern vor dem Stall. „Der Gaul dreht durch, wenn wir die Tür aufbrechen. Wir haben keine andere Wahl, als diese verfluchte Schlüsselkarte zu finden", brummte Alfons Kirsche.

„Aber der Alte meinte, dass die bombenfest geschützt ist. Wenn wir Pech haben, liegt sie in einem Safe", sagte sein Komplize mürrisch.

Die Mädchen sahen einander entsetzt an. „Woher wissen die beiden das alles?", dachte Lisa panisch, und wer war dieser Alte?

„Wie lautete der Hinweis auf das Versteck der Schlüsselkarte, den uns der Alte gegeben hat?", fragte der Gorilla.

„Er sagte: Schlafend passt der Hund auf das Pferd auf", antwortete Alfons Kirsche.

Der Gorilla zog die Augenbrauen zusammen. „Damit kann genauso gut ein Körbchen im Haus gemeint sein und wie sollen wir da reinkommen?" Alfons Kirsche machte eine abwinkende Geste. „Ein Problem nach dem anderen."

Über sein Gesicht huschte ein fieses Grinsen. „Arthur hat dem Vorbesitzer zu sehr vertraut. Er dachte wohl, die Sorge um ihre Pferde macht sie zu Freunden, und hat sich verplappert."

„Tja, falsch gedacht!" Der Gorilla lachte hämisch. „Durchsuchen wir mal die Hundehütte. Wir brauchen die Schlüsselkarte, bevor Arthur zurückkommt."

„Das wird nicht so schnell passieren", beruhigte ihn Alfons Kirsche. „Der ist mit dem kaputten Reifen bestimmt im Straßengraben gelandet."

Lisa presste die Lippen aufeinander, um einen Schreckensschrei zu unterdrücken. „Onkel Arthur! Was, wenn ihm etwas passiert ist?", dachte sie ängstlich.

Der Gorilla stieß ein schauriges Lachen aus. „Wie gut, dass wir ihn in den letzten Wochen beschattet haben und wussten, dass er jeden Freitagabend in den Ort fährt, um einzukaufen." Lisa grübelte. Onkel Arthur war heute wegen ihres Besuchs vermutlich früher zum Laden gefahren. Wäre der Anruf von der Apotheke nicht dazwischengekommen, wäre Alfons Kirsches Plan geplatzt.

„Verflixt, es ist nur eine Frage der Zeit, bis die Männer ins Haus einbrechen und den ersten Hinweis finden", flüsterte Maja. Lisa und Valerie schienen den gleichen Gedanken zu haben, denn ohne ein Wort zu wechseln, liefen sie durch die Hintertür zurück ins Haus. Die Mädchen mussten den Einbrechern zuvorkommen.

„Die wissen alles!", japste Valerie, als sie in den ersten Stock hochsausten.

„Und sie haben Onkel Arthurs Auto manipuliert", fügte Lisa fast stimmlos hinzu. „Wir müssen die Schlüsselkarte vor ihnen finden, um Baldur zu retten!"

Maja tastete bereits die Kissen in Maxis Korb gründlich ab. „Da ist nichts", sagte sie und drehte den Korb, der mit einem weißen Stoff überzogen war, um. „Ha! Dein Onkel hat den Hinweis auf die Unterseite geschrieben."

„Och ne, müssen wir jetzt auch am Wochenende rechnen ...", seufzte Lisa beim Anblick der vielen Zahlen.

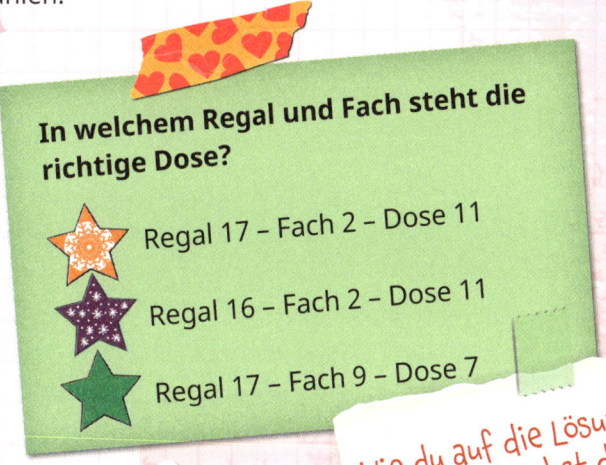

In welchem Regal und Fach steht die richtige Dose?

⭐ Regal 17 – Fach 2 – Dose 11

⭐ Regal 16 – Fach 2 – Dose 11

⭐ Regal 17 – Fach 9 – Dose 7

Wie du auf die Lösung kommst, siehst du auf der Rückseite.

Im Keller, wo die Vorräte lagern, musst du im richtigen Regal, im richtigen Fach die richtige Dose finden. Dahinter versteckt sich das, wonach du suchst. Um die Nummern herauszufinden, musst du aber ein wenig rechnen. Jede Zeile und jede Spalte im magischen Quadrat soll in der Summe die gleiche Zahl ergeben. Fülle es fertig aus. In den roten Kästchen findest du dann von oben nach unten die Lösung.

5	3		21	7
	8	19	6	8
18	23	1	9	
10	8	9	12	14
8		7		22

„Onkel Arthur kümmert sich wohl um seine Pferde", vermutete Lisa, als sie um das Haus herumstapften. Gemeinsam hatten sie das Rätsel schnell gelöst und die richtigen Wörter entziffert.

„Irgendwie unheimlich", stellte Maja beim Anblick der alten Mauern fest. Lisa schenkte ihr ein aufmunterndes Lächeln. „Drin ist es aber irre gemütlich. Es gibt sogar geheime Räume. Onkel Arthur hat das Haus von einem schrulligen alten Pferdezüchter gekauft. Der Kerl war überzeugt, jemand habe es auf ihn und seine Tiere abgesehen. Deshalb hat er zahlreiche Sicherheitssysteme eingebaut. Hier kann uns nichts passieren."

Maja sah bei diesen Worten ein wenig entspannter aus und als sie die große Wiese erreicht hatten, war auch ihre letzte Sorge verflogen. „So viele Pferde!", strahlte sie vor Freude.

Lisa aber freute sich über etwas ganz anderes. Sie warf die Arme in die Luft und rief: „Hallo, Onkel Arthur!"

„Hallo, ihr Lieben!", rief Onkel Arthur zurück und winkte ebenfalls. Sein Hund Maxi lief den Mädchen fröhlich bellend entgegen und ließ sich den Kopf kraulen. „Schau mal, Baldur. Wir haben Besuch", sagte Onkel Arthur zu dem schwarzen Araberhengst neben ihm.

„Ohhh, der ist aber schön." Valerie betrachtete das majestätische Tier ehrfürchtig. Baldur schnaubte und stupste zärtlich mit der Nase gegen ihre Schulter.

„Baldur gehört zu den besten Springpferden des Landes und hat schon viele Preise gewonnen", erklärte Lisa stolz.

„Und für den nächsten Wettbewerb muss er richtig fit sein. Das Pferd meines größten Konkurrenten Alfons Kirsche ist nämlich in Topform", erzählte Onkel Arthur.

„Helft ihr mir, ihn in seine Box zu bringen?" Onkel Arthur überreichte den Mädchen die Zügel.

„Ja klar!", riefen die drei Freundinnen im Chor.

Als sie beim Stall angekommen waren, tippte Onkel Arthur auf einen Bildschirm neben der Tür. „Code eingeben", ertönte eine blecherne Stimme. Onkel Arthurs Finger flogen mit rasender Geschwindigkeit über die Tasten.

„Ich bin der Einzige, der die Zahlenkombination

kennt", sagte er verschwörerisch. „Seit ein paar Monaten kommt es vor den Wettbewerben zu seltsamen Vorfällen. Pferde verschwinden und werden nur gegen hohes Lösegeld zurückgegeben." Maja schüttelte entsetzt den Kopf. „Wie schrecklich! Wer macht denn so etwas?"

Onkel Arthur zuckte mit den Schultern. „Die Täter wurden bisher nicht gefunden. Manche Besitzer schlafen sogar schon bei ihren Pferden. Ich muss das zum Glück nicht. Der frühere Besitzer des Hauses hat dafür gesorgt, dass die Tiere hier in Sicherheit sind." Er zeigte den Mädchen Baldurs Box und zog eine Karte aus der Innentasche seiner Jacke. „Die Box lässt sich nur mit einer speziellen Schlüsselkarte öffnen. Diese hier trage ich stets bei mir. Eine andere ist an einem sicheren Ort im Haus versteckt und ich überprüfe jeden Morgen, ob sie noch an ihrem Platz liegt. Um sie zu finden, muss man eine Reihe kniffliger Rätsel knacken, die im ganzen Haus verteilt sind, und dabei außerdem einen Schlüssel finden, der einem den Zugang zur Schlüsselkarte erst ermöglicht." Er zwinkerte den Mädchen zu.

„Verrätst du uns, wo sich das erste Rätsel versteckt?", fragte Lisa neugierig.

Ihr Onkel zögerte kurz. „Hm. Na gut." Er kramte ein zerknittertes Stück Papier und einen Bleistift hervor, schrieb ein paar Wörter auf den Zettel und gab ihn den Mädchen grinsend.

Wo hat Onkel Arthur das erste Rätsel versteckt?

Bei einem seiner Haustiere

In seinem Wohnzimmer

In einem Schrank im Arbeitszimmer

Blätter mal um! Da siehst du, wie man auf die Antwort kommt.

Finde den Begriff, der jeweils mit dem vorderen und dem hinteren Wort ein neues Wort bildet. Na, wo hat Onkel Arthur das Rätsel versteckt?

Einkaufs _____ Sessel

Tief _____ Mütze

Kinder _____ Tür

Schäfer _____ Leine

Im Zickzack und auf ein paar Umwegen umrundeten die Mädchen den Stall und schlichen zur Rückseite des Gebäudes. Durch die hölzernen Wände hörte Lisa das dumpfe Klirren von Werkzeug. Sie konnte sich lebhaft vorstellen, wie die beiden Kerle an der Gittertür von Baldurs Box herumwerkelten. Vermutlich würden sie bald feststellen, dass das ein aussichtsloses Unterfangen war, aber was würden sie dann tun? Einfach aufgeben oder sich einen viel schlimmeren Plan überlegen?

„Vielleicht haben sie eine Bombe, mit der sie die Tür aufsprengen!"

„Quatsch!" Valerie schüttelte den Kopf und guckte Lisa dabei an, als sei sie ein kleines Kind. Verärgert presste Lisa die Lippen aufeinander. Manchmal hielt sich Valerie für die Allerschlauste und gab einem das Gefühl, dumm zu sein. Das mochte Lisa gar nicht. „Aber es könnte doch sein", sagte sie deshalb.

„Nee! Denk doch mal nach! Baldur würde von dem Knall komplett durchdrehen und dann? Ein Pferd, das vor Angst um sich tritt, bekommt man nicht in einen Anhänger. Außerdem würde man den Knall bestimmt bis zum Dorf hören, und dann ist die Polizei schneller hier, als du Pustekuchen sagen kannst", erwiderte Valerie. Stimmt. Daran hatte Lisa tatsächlich nicht gedacht.

„Psst, Leute, können wir mal nach einem passenden Ast Ausschau halten?", fragte Maja, die bereits vor dem riesigen Stapel abgeschnittener Zweige stand.

„Wie wäre es mit dem hier?", meinte Lisa und deutete auf einen langen, dünnen Ast, dessen Ende nach oben gebogen war.

„Damit könnte man es probieren", stimmte Valerie zu und zog vorsichtig daran. Ein paar Zweige rutschten vom Stapel und fielen zu Boden. Lisa warf einen Blick über die Schulter. Hoffentlich hatte niemand etwas gehört! „Das ist ja schlimmer als Mikado spielen", brummte sie, während sich Valerie Mühe gab, den Ast leise zu befreien. „Das klappt schon!", war sich Valerie sicher und im nächsten Moment hielt sie ihr Werkzeug in der Hand. „Na dann werden wir uns das gute Stück mal angeln." Grinsend schlich Valerie an der Wand entlang in Richtung Tür und Lisa folgte ihr mit Maja dicht auf den Fersen.

Vor jedem Fenster duckten sich die Mädchen. Als die Geräusche im Stall lauter wurden, kauerte sich Maja an die Wand. „Ich gehe keinen Schritt weiter", wisperte sie. Valerie verdrehte die Augen. „Meinetwegen. Ich erledige das schon." Je näher sie der Tür jedoch kam, umso kleiner wurden auch ihre Schritte. Vorsichtig schob Valerie den Ast über den Schnee. „Pass auf, dass du den Schlüssel nicht aus Versehen zu hoch hältst", ermahnte Lisa sie.

Valeria war viel zu sehr auf ihre Aufgabe konzentriert, um zu antworten. „Gleich hab ich's!", flüsterte sie und schon rutschte das dünne Ende des Asts durch den Schlüsselring. Lisa wurde ganz schwindlig vor Aufregung. Auch in Valeries Gesicht war die Anspannung deutlich zu erkennen, als sie ihren Fang behutsam zurückzog. „Wenn die Einbrecher jetzt die Tür öffnen ist alles aus!", dachte Lisa, doch nichts geschah.

„Geschafft!" Valerie fischte den Schlüssel vom Ast. Auch Maja war jetzt näher gekrochen und guckte neugierig auf das glänzende Ding in Valeries Händen. An dem silbernen Schlüsselring hing ein metallener Anhänger, in den winzige Zahlen eingraviert waren.

„Wofür die Nummern wohl stehen?", wunderte sich Maja.

Über Valeries Gesicht huschte ein Grinsen. „Ich glaube, ich weiß es."

Was steht auf dem Schlüsselanhänger?

Der Name einer Person

Der Name eines Ortes

Eine Adresse

Blätter mal um! Da siehst du, was gemeint ist.

1 12 6 15 14 19
11 9 18 19 3 8 5

Was besteht aus 26 Teilen und wir verwenden es die ganze Zeit?

Den Mädchen rauchten die Köpfe, als sie die Symbole auf dem Sattel des Pferdes endlich mit den richtigen Buchstaben in Verbindung gebracht und so das Rätsel geknackt hatten. „Okay, wenn unser nächstes Ziel die Bibliothek ist, sollten wir die Kerle möglichst weit von dort weglocken", schlug Valerie vor.

„Wie meinst du das?", fragte Lisa und beobachtete den Bildschirm. Darauf war immer noch die weit geöffnete Kellertür zu sehen, durch die Alfons Kirsche und sein Komplize verschwunden waren. Es war zu dumm, dass es keine einzige Überwachungskamera im Keller gab und sie nicht beobachten konnten, was die beiden dort unten gerade trieben.

„Ich meine, dass wir ihnen einen Hinweis vor die Nase legen sollten, der sie weiter in die Irre führt", erklärte Valerie.

„Oder wir sperren sie einfach im Keller ein." Lisa zwinkerte ihren Freundinnen zu. An Majas Gesicht war eindeutig zu erkennen, wie ihr bei diesem Vorschlag das Herz in die Hose rutschte.

„Ich weiß nicht ...", murmelte Maja. „Alfons Kirsche wird rasen vor Wut, wenn er vor der verschlossenen Kellertür steht. Und der Gorilla hat vermutlich genug Kraft, um die Tür wie ein Blatt Papier einzureißen."

„Wenn wir sie einsperren, wissen sie außerdem, dass sie tatsächlich nicht allein im Haus sind", gab Valerie zu bedenken.

„Stimmt ..." Lisa, die gerade noch so begeistert von ihrem eigenen Plan gewesen war, ließ mutlos die Schultern hängen.

„Aber wenn wir die Einbrecher irgendwo hin locken wollen ...", überlegte Valerie weiter. „Wie sollen wir ihnen den Hinweis so zukommen lassen, dass sie uns dabei nicht erwischen?"

„Oh Mann, wir haben echt ein Problem." Maja vergrub das Gesicht in den Händen.

„Nein, Lisa hat recht! ", sagte Valerie entschlossen. „Wir müssen Alfons Kirsche und den Gorilla im Keller einsperren. Alles andere ist viel zu riskant und würde nach hinten losgehen."

„Und was, wenn sie sich befreien?", warf Lisa ein.

„So leicht lässt sich eine Tür nun auch wieder nicht aufbrechen." Valerie klang so zuversichtlich und überzeugend, dass Lisa ihre Zweifel beinahe wieder vergaß.

„Allerdings sollten wir uns beeilen. Wenn wir noch lang rumquatschen, verpassen wir unsere einzige Chance, die Kerle dingfest zu machen."

„Eine Sache sollten wir uns vorher allerdings ansehen ..." Lisa kniff die Augen zusammen und trat so nahe an den Bildschirm heran, dass sie ihn fast mit der Nasenspitze berührte.

„Wonach suchst du?", fragte Maja neugierig.

„Ich wollte nur sichergehen, dass im Schloss der Kellertür ein Schlüssel steckt, aber das kann man bei der miesen Bildqualität einfach nicht erkennen."

„Das Risiko müssen wir wohl eingehen." Valerie hatte jetzt alle Bedenken über Bord geworfen und marschierte zielstrebig zu der Tür, über der in roten Buchstaben das Wort „Ausgang" geschrieben stand. Wenn sie sich mal entschieden hatte, dann fackelte sie nie lange.

„Halt!", rief Maja erschrocken und riss ihre Freundin gerade noch rechtzeitig zurück. „Lies doch bitte mal, bevor du uns alle in Gefahr bringst!" Valerie rang nach Luft und wollte sich verteidigen, aber dann sah auch sie die Warnung über dem Tastenfeld neben dem Ausgang: Achtung, Tür ist alarmgesichert! Codeeingabe erforderlich.

„Nicht schon wieder!", sagten Valerie und Lisa im Chor und klangen dabei gleichermaßen genervt und verärgert.

„Hört auf zu schimpfen und überlegt euch lieber, für welche Zahlen diese Symbole stehen könnten", forderte Maja die beiden auf und hielt bereits drei Finger in die Höhe.

Finde heraus, für welche Zahlen die drei Symbole stehen

12

7

6

Mehr dazu auf der nächsten Seite.

Finde heraus, für welche Zahlen die drei Symbole stehen, und knacke die letzte Rechnung. Die Lösung schaltet die Alarmanlage aus.

🔔 + 🔔 + 🔔 = 9

🔔 + 🔔 + ✶ = 8

✶ + ✶ + 🕯 = 5

✶ + 🔔 + 🕯 = ?

„Weißt du, wo dein Onkel seine Vorräte aufbewahrt?", fragte Maja, nachdem sie den Hundekorb wieder ordentlich an seinen Platz gestellt hatte. Sollten die beiden Kerle hier suchen, durfte keine Spur auf die Mädchen hindeuten.

„Nein", gestand Lisa. „Ich war noch nicht oft im Keller." Mehr sagte sie lieber nicht, denn von ihrer Begegnung mit der Rattenfamilie und den seltsamen Geräuschen, die man dort unten hörte, wollte sie den anderen nichts erzählen. Sie waren der Grund, warum sich Lisa nicht mehr in den Keller traute, und davon musste besonders Valerie nichts wissen. Lisa wäre auch gern so mutig wie ihre Freundin, die vor gar nichts Angst zu haben schien.

Die Kellertür befand sich neben der Küche. Ein lautes Knarren ertönte, als Lisa sie öffnete, und den Mädchen schlug ein modriger Geruch entgegen. Lisa schluckte, aber es half alles nichts. Sie mussten dort hinunter, wenn sie Baldur retten wollten.

„Beeilt euch!" Valerie, die bereits am unteren Ende der Treppe angekommen war, winkte ihre Freundinnen zu sich. Sie tappten durch einen düsteren Gang. Neben dem unheimlichen Echo ihrer eigenen Schritte hörte Lisa aus einem der Kellerräume das tiefe Wummern irgendeiner Maschine. Das fremdartige Dröhnen kam ihr hier in dieser Dunkelheit furchtbar unheimlich vor. Obwohl sie ihren dicksten Pullover trug, schlang sie fröstelnd die Arme um den Körper.

„Die beiden Kerle haben alles von langer Hand geplant", sagte Valerie.

Lisa war froh, sich ein wenig von ihrer Angst ablenken zu können, und erwiderte: „Ja. Ich kann nicht fassen, dass sie Onkel Arthurs Autoreifen beschädigt haben, um Baldur ungestört entführen zu können."

„Aber wer ist der Alte, von dem sie gesprochen haben?", fragte Maja.

Lisa antwortete: „Ich glaube, dass muss der Typ sein, dem das Haus früher gehört hat. Onkel Arthur hätte ihm wohl lieber nicht vertrauen sollen … Wir müssen die Schlüsselkarte unbedingt vor den beiden Kerlen in Sicherheit bringen."

Valerie öffnete bereits die dritte Tür, aber auch in diesem Raum waren keine Vorräte zu entdecken. Die Mädchen irrten weiter durch die dunklen Gänge und je tiefer sie in den Keller hineinliefern, desto lauter wurde das Wummern. Lisa hätte schwören können, dass davon sogar der Boden vibrierte. Unerschrocken riss Valerie eine weitere Tür auf. Jetzt war das Dröhnen so laut, dass Lisa vor Schreck zusammenzuckte.

„Ach, hier steht nur die Waschmaschine. Die schleudert wohl gerade."

Lisa blinzelte erstaunt. Hatte sie tatsächlich Angst vor einer Waschmaschine gehabt? Sie spürte, wie das Blut in ihre Wangen schoss. „Alles okay?", fragte Valerie besorgt.

„Klar!", antwortete Lisa schnell, weil sie diese Peinlichkeit lieber für sich behalten wollte.

„Leute, ich hab' die Vorratskammer gefunden!", rief Maja in diesem Moment. Vor ihnen lag ein riesiger Raum mit unzähligen Regalen, von denen jedes mit einer roten Nummer markiert war. „Dein Onkel ist echt ordentlich", stellte Valerie fest, als sie vor dem Regal Nummer 17 standen. Im zweiten Fach von unten reihten sich die Vorratsdosen aneinander, die ebenfalls mit Zahlen markiert waren. Zielsicher zog Lisa die elfte Dose heraus, dich sich viel leichter anfühlte, als sie angenommen hatte. In ihrem Inneren klapperte es bei jeder Bewegung.

„Eine Fernbedienung?" Lisa guckte enttäuscht, als sie den Deckel abgeschraubt hatte. „Ich dachte, wir würden die Schlüsselkarte finden. Was sollen wir mit einer Fernbedienung anfangen?"

Während dessen hatte Valerie die Dose genauer unter die Lupe genommen. „Da ist noch ein Hinweis."

Wie lautet der Code?

157

135

153

Auf der nächsten Seite musst du mal wieder rechnen. :-)

Hier oben steht dann der Code!

„Alles im Rahmen. Was soll das heißen?", wunderte sich Valerie. Die Mädchen standen in Onkel Arthurs Arbeitszimmer und sahen sich suchend um. Lisa ließ ihren Blick über die Regale und Schränke schweifen, aber sie wusste beim besten Willen nicht, was ihr Onkel mit seinem seltsamen Hinweis meinte.

„Wir müssen uns beeilen! Wer weiß, wie lange die Kellertür noch standhält, und wenn die beiden Kerle sich befreien ..." Maja rang nach Atem und Lisas Magen fühlte sich an, als habe sie einen riesigen Stein verschluckt.

„Lasst uns das Licht einschalten, dann sind wir schneller." Sie knipste die Schreibtischlampe an, doch auch das machte die Sache nicht einfacher. „Vielleicht müssen wir nach einem Schloss suchen", schlug Lisa vor.

„Einem Schloss?" Maja schien keine Ahnung zu haben, worauf Lisa hinauswollte, aber Valerie verstand ihre Freundin sofort.

„Na klar! Wegen des goldenen Schlüssels, den wir im Keller gefunden haben."

Lisa zog den Schlüssel aus ihrer Hosentasche und hielt ihn mit zitternden Fingern fest. Wo soll-

ten sie bloß mit der Suche nach einem Schloss anfangen?

„Im Arbeitszimmer ist alles im Rahmen", murmelte Maja mehrmals vor sich hin, während sie an den drei Fenstern auf und ab lief wie ein unruhiges Tier im Käfig. Kurz blieb sie stehen und ließ ihren Blick über die Wände streifen. „Rahmen ... Fensterrahmen ... Bilderrahmen ... Das ist es!" Wie von der Tarantel gestochen hechtete sie los und blieb vor einem Bild, das Baldur und Maxi nebeneinander auf der großen Wiese zeigte, stehen. „Vielleicht ist der nächste Hinweis in dem Bild versteckt!" Mit beiden Händen strich sie prüfend über den goldenen Rahmen und nahm das Bild schließlich von der Wand.

„Oder dahinter!", rief Valerie und zeigte auf ein kleines Türchen, das sich hinter dem Foto verborgen hatte. „Passt der Schlüssel?"

Mit klammen Fingern versuchte Lisa, den Schlüssel in das Schloss des Türchens zu stecken. „Passt wie angegossen!" Sie seufzte erleichtert, als sich der Schlüssel ohne jeglichen Widerstand drehen ließ. In diesem Moment ertönte ein lautes Poltern.

„Was war das?", fragte Maja erschrocken und plötzlich fiel Lisa auf, wie still es im Haus geworden war. Wann hatten Alfons Kirsche und sein Komplize aufgehört, wie wild gegen die Kellertür zu schlagen? Wieder polterte es. Lisa erschauderte. Irgendetwas stimmte hier nicht, das spürte sie genau. Es war, als würde eine Alarmanlage in ihrem Inneren losschrillen, um sie vor einer großen Gefahr zu warnen, die unaufhaltsam näherkam.

„Das Geräusch kam von draußen." Valerie eilte zum Fenster. „Keine Chance. Es ist viel zu dunkel, um etwas zu erkennen", sagte sie enttäuscht. Wahrscheinlich hatte sie ebenso wie Lisa gehofft, dass Onkel Arthur endlich zurückgekommen war.

„Dafür habe ich die Schlüsselkarte gefunden", rief Maja voller Freude und verstummte gleich wieder. In dem versteckten Safe lag nämlich nicht nur eine Schlüsselkarte, sondern drei, und die sahen auf den ersten Blick exakt gleich aus. Sie waren über und über mit Gegenständen bedeckt, die etwas mit Pferden zu tun hatten. „Ha!", rief Lisa da plötzlich.

„Auf zwei Karten stimmt doch etwas nicht!"

Welche ist die richtige Schlüsselkarte?

A

B

C

Du weiß ja schon – weiter geht's auf der nächsten Seite.

Auf den gefälschten Karten hat sich etwas eingeschlichen, das nicht dazugehört. Welche ist die richtige Schlüsselkarte?

Während die drei Freundinnen mit Onkel Arthur auch die anderen Pferde in den Stall brachten, versuchten sie, weitere Hinweise auf das Versteck der zweiten Schlüsselkarte aus ihm herauszukitzeln. Aber sosehr sie ihn mit ihren Fragen löcherten, Onkel Arthur schwieg.

Kurz vor Anbruch der Dunkelheit betraten sie das Haus und Lisa freute sich auf eine warme Tasse Kakao. „Nur herein in die gute Stube", sagte Onkel Arthur. „Euer Zimmer ist im ersten Stock. Lisa, du kannst deinen Freundinnen alles zeigen. Ich werde uns in der Zwischenzeit eine Tasse Kakao kochen."

„Alles klar." Lisa deutete Maja und Valerie an, ihr zu folgen. Mit großen Augen liefen sie durch den Flur, durchquerten das riesige Wohnzimmer und nahmen von dort die Haupttreppe in den ersten Stock. Die alten hölzernen Stufen ächzten unter ihrem Gewicht.

„Fremde Häuser machen so seltsame Geräusche", stellte Maja schaudernd fest. Lisa wusste, wie schwer es ihrer Freundin fiel, in einem fremden Bett zu schlafen. „Man gewöhnt sich aber zum Glück schnell daran."

„Welche der hundert Türen ist denn unsere?", fragte Valerie beim Anblick des langen Ganges. „Ich bin mir fast sicher, dass es die vierte auf der rechten Seite ist", sagte Lisa nach kurzem Überlegen. Sie hatte Onkel Arthur zwar schon oft besucht, aber in dem verwinkelten Haus musste sie sich jedes Mal neu zurechtfinden.

„Jackpot", rief Valerie, als sie die Tür aufstieß und das dahinterliegende Zimmer betrat.

„Oh wie schön!" Maja klappte staunend den Mund auf und schien ihre Angst schon wieder vergessen zu haben. In dem großen Raum standen zwei breite Himmelbetten und Regale voll altem Spielzeug. „Wow! Ich fühle mich fast wie eine Prinzessin", hauchte Valerie.

„Wer teilt sich ein Bett mit mir?", fragte Maja und lächelte schüchtern.

„Ich!", antworteten Lisa und Valerie im Chor. Die Mädchen sahen einander für einen Augenblick verdutzt an, dann kicherten sie los.

„Zu dritt wird's vielleicht ein bisschen eng." Onkel Arthur hatte das Zimmer unbemerkt betreten und stand plötzlich hinter ihnen. „Mädels, wir müssen leider noch mal los. Ich habe gerade eine Nachricht von der Apotheke erhalten, dass Maxis Medikamente angekommen sind. Ohne die wird er sehr krank und das Wochenende steht vor der Tür, also ..."

„Ach neee", stöhnte Lisa. Natürlich wollte sie, dass es Maxi gut ging, aber sie hatte gar keine Lust, schon wieder im Auto zu sitzen. „Können wir nicht hierbleiben? Wenn ich die kurvige Straße heute noch einmal fahre, wird mir übel." Sie setzte einen leidenden Gesichtsausdruck auf und schlang die Arme demonstrativ um ihren Bauch. Onkel Arthur runzelte die Stirn. „Hmm, also ich weiß nicht ..."

„Ach, bitte! Wir sind doch keine Babys mehr", erwiderte Lisa. Ihr Onkel wiegte den Kopf hin und her, aber er hatte keine Lust auf lange Diskussionen. „Na gut. Aber ihr müsst brav sein! Und ihr dürft nicht nach Weihnachtsgeschenken suchen!"

„Niemals!" Lisa zwinkerte ihren Freundinnen heimlich zu.

„Ich sperre die Tür zu. Du weißt ja, wo der Schlüssel für den Hintereingang ist", rief Onkel Arthur, als er bereits auf der Treppe war, und pfiff nach Maxi, der artig hinterhertrippelte.

„Klar doch", antwortete Lisa, dann wandte sie sich Maja und Valerie zu und klatschte voller Tatendrang in die Hände. „Auf geht's! Suchen wir die Geschenke!"

3. Dezember

Was hat Onkel Arthur als Weihnachtsgeschenk für Lisa besorgt?

★ Neue Reithosen

★ Eine neue Reitkappe

★ Ein Paar Schuhe

Alles Weitere findest du auf der nächsten Seite.

Was hat Onkel Arthur als Weihnachtsgeschenk für Lisa besorgt? Folge dem richtigen Weg und die Buchstaben verraten es dir!

„Das mit dem Fernseher ist ja klar, aber welchen Römer meint Onkel Arthur?" Lisa guckte ihre Freundinnen fragend an, doch auch die hatten nur Bahnhof verstanden.

„Vielleicht kommen wir drauf, wenn wir erst mal im Wohnzimmer sind", sagte Maja zuversichtlich. Sie schlossen gerade die Kellertür hinter sich, da hörten sie draußen die Männerstimmen, die sie mittlerweile nur allzu gut kannten. „Mist! Die waren aber nicht lang damit beschäftigt, in der Hundehütte nach einem Hinweis zu suchen", brummte Valerie.

„Sehen wir doch mal nach, was sie tun", schlug Lisa vor.

Durch das Küchenfenster beobachteten die Mädchen, wie Alfons Kirsche mit seinem Handy am Ohr nervös auf und ab lief. Zornig rief er irgendetwas und streckte das Telefon in die Luft. Sein Komplize stand schweigend daneben und tat so, als ginge ihn die ganze Sache nichts an.

Da wurde Alfons Kirsche richtig sauer. Er ruderte mit den Armen, stampfte mit den Beinen und deutete schimpfend auf seinen Kollegen.

„Wenn wir ihn nur verstehen könnten", flüsterte Lisa. „Woher kommt überhaupt dieses seltsame Grummeln?"

Valerie legte ihre Hände auf den Bauch und machte ein schuldbewusstes Gesicht. „Mein Magen möchte wohl sagen, dass er Hunger hat."

„Oh Mann", stieß Lisa verärgert aus. „Der wird uns noch verraten!" Sie deutete auf eine schmale Tür. „Dort ist die Speisekammer. Guck mal nach, ob du etwas zu essen findest."

Valerie grinste und verschwand in dem kleinen Raum, nur um wenige Sekunden später wieder aufzutauchen. „Leute, von hier drin hört man jedes Wort", sagte sie und stopfte sich ein Stück Lebkuchen in den Mund. Tatsächlich gab es in dem engen Raum eine Belüftungsluke, durch die nicht nur der kalte Nachtwind, sondern auch die Stimmen der Männer drangen. Die Mädchen pressten sich in die kleine Kammer und lauschten. In Lisas Ohren toste das Blut vor Aufregung wie ein reißender Fluss.

„Spuck schon aus! Wie ging der Reim, den der Alte dir gesagt hat?", rief Alfons Kirsche.

„Weißt du doch", brummte der andere und sagte ein seltsames Gedicht auf.

„Nicht der! Der ist für den Code der Stalltür und den brauchen wir nicht mehr." Alfons Kirsche klang mit jedem Wort wütender. „Hast du den Reim, der uns das Versteck des Haustürschlüssels verrät, etwa vergessen?"

„Ähm", machte der Gorilla. „Der Stein ... Der Stein ist klein ..." Er stammelte noch irgendetwas und brach dann ab.

„Du Schwachkopf!", fluchte Alfons Kirsche. „So finden wir den Schlüssel nie!"

„Tut mir leid. Ich hätte ihn aufschreiben sollen."

„Ja!" Alfons Kirsche schnaubte wie ein Stier. „Ich gehe zur Straße und sehe nach, ob mein Telefon dort funktioniert. Ich muss den Alten irgendwie erreichen."

Lisa fasste ihre Freundinnen an den Händen und zog sie hinter sich her in den Flur. „Habt ihr euch das Gedicht gemerkt? Wenn ich es richtig verstanden habe, könnten wir damit den Code für den Stall knacken."

„Wofür brauchen wir denn den Code?", wunderte sich Maja.

Lisa hob die Arme. „Wer weiß! Es kann nicht schaden, ihn zu kennen und im Notfall in den Stall zu gelangen, oder?"

„Stimmt ...", sagte Maja.

Valerie wackelte mit ihrem Handy und grinste verschmitzt. „Ich habe mir das Gedicht zwar nicht gemerkt, aber dafür das ganze Gespräch aufgezeichnet."

„Du bist ein Genie!", rief Lisa und drückte Valerie einen Kuss auf die Stirn.

Wie lautet der sechsstellige Code für die Stalltüre?

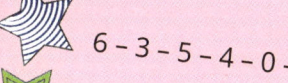 6 – 3 – 5 – 4 – 0 – 7

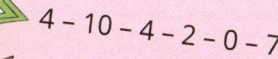 4 – 10 – 4 – 2 – 0 – 7

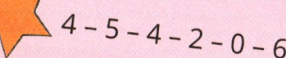 4 – 5 – 4 – 2 – 0 – 6

Blätter mal um! Da siehst du, was gemeint ist.

Kannst du mit dem aufgenommenen Gedicht herausbekommen, wie der sechsstellige Code für die Stalltür lautet?

Ein Auto hat wie viele Reifen?
Mit allen Fingern kannst du greifen.
Jahreszeiten gibt's nur wenige,
Doch mehr als beim Schach Könige.
Neun minus neun, ist die vorletzte Frage,
Und eine Woche zählt wie viele Tage?

„Dann schauen wir mal, was in der Glotze läuft", sagte Maja, nachdem sie das Rätsel gemeinsam gelöst und die richtige Tastenkombination herausbekommen hatten. Sie drückte die bunten Tasten der Fernbedienung in der richtigen Reihenfolge und der Monitor erwachte zum Leben.

Den Mädchen verschlug es beim Anblick des Bildes beinahe die Sprache. „Das sind doch Alfons Kirsche und der Gorilla", japste Maja. Auf dem Bildschirm waren tatsächlich die zwei Männer zu sehen, wie sie durch den Flur des ersten Stockwerks marschierten.

„Den Film kenne ich!", rief Lisa. „Darin geht's um zwei fiese Kerle, die ein Pferd entführen wollen und dabei von einer Bande schlauer Mädchen dingfest gemacht werden."

„Schön wär's", brummte Valerie und wechselte den Kanal. Jetzt war die leere Küche zu sehen.

„Anscheinend hat der Vorbesitzer des Hauses überall Überwachungskameras installiert", sagte Valerie und schaltete weiter.

Lisa sprang auf und rief: „Halt! Da ist das Schlafzimmer. Wenn Alfons Kirsche wirklich so schlau ist, wie er selbst glaubt, fangen sie mit ihrer Suche dort an."

Die drei Freundinnen kauerten nebeneinander auf dem Sofa und starrten gebannt auf die Mattscheibe. Sie mussten tatsächlich nicht lange warten und schon betraten die beiden Männer das Schlafzimmer. Beim Anblick des Hundekorbs warf Alfons Kirsche triumphierend die Arme in die Luft.

„Gibt's keinen Ton?", fragte Lisa ungeduldig.

Valerie schüttelte den Kopf. „Nein, leider nicht." Sie hatte bereits jede Taste der Fernbedienung ausprobiert, doch das Bild blieb stumm. „Wenn wir nur Lippenlesen könnten ..."

Maja verengte die Augen zu Schlitzen und versuchte, die Worte auf den Mündern der Einbrecher zu deuten. Mit tiefer Stimme sagte sie: „Mein Name ist Alfons Kirsche und ich bin ein Hohlkopf."

Lisa kringelte sich vor Lachen. Valerie verzog jedoch keine Miene und beobachtete weiter das Geschehen. „Sie haben den Hinweis gefunden!", sagte sie beunruhigt. Da wurden auch Lisa und Maja schlagartig wieder ernst.

„Jetzt verlassen sie das Schlafzimmer! Schnell, schalt um!" Lisa hätte ihrer Freundin um ein Haar die Fernbedienung aus der Hand gerissen, da hatte Valerie den richtigen Kanal allerdings schon gefunden. Die Mädchen konnten gerade noch sehen, wie die zwei Männer durch die Kellertür verschwanden.

„Bingo!" Lisa klatschte in die Hände. „Bald werden sie die Vorratskammer finden und von dort führt sie Valeries gefälschter Hinweis in die Waschküche."

„Und dann?" Auf Majas Stirn zeigte sich eine tiefe Sorgenfalte. „Sobald sie kapiert haben, dass sie in der Waschküche keinen weiteren Hinweis finden, werden sie wieder nach oben kommen ..."

Auch Lisa blieb ihre Schadenfreude jetzt im Hals stecken. „Stimmt ... Wir müssen dringend unsere nächsten Schritte planen."

„Was ist eigentlich mit dem Holzpferd?", fiel Valerie ein, während sie durch die Unterlagen in der schwarzen Mappe blätterte.

„Bis auf die Symbole und die römische Zahl konnte ich nichts Ungewöhnliches daran entdecken", sagte Lisa.

„Und es trägt die Startnummer 345", stellte Maja fest.

Da richtete sich Valerie ruckartig auf und deutete auf die Mappe in ihrem Schoß. „Ich glaube, ich spinne! Hier drin stehen die Lösungen aller Rätsel, die wir bisher geknackt haben und ..." Sie machte eine theatralische Pause und ein verschmitztes Lächeln umspielte ihre Lippen. „Und wofür die Symbole auf dem Sattel des Holzpferds stehen."

In welchen Raum müssen die Mädchen wohl als Nächstes. Kannst du die Zeichen entziffern?

Küche

Bibliothek

Badezimmer

Weiter geht's auf der Rückseite!

Die Symbole auf dem Sattel verraten, wo die Mädchen als nächstes hin müssen. Wo hast du die Symbole schon einmal gesehen?

„Juhu! Die habe ich mir gewünscht!" Lisas Augen leuchteten. Sie hatten das erste Weihnachtsgeschenk in der Abstellkammer gefunden und Lisa konnte ihr Glück kaum fassen. „Lasst uns weitersuchen!", drängte sie und sauste los. Als sie einen flüchtigen Blick aus dem Fenster warf, blieb sie abrupt stehen.

„Seht ihr die Lichter dort hinten?"

„Kommt dein Onkel schon wieder zurück?", wunderte sich Maja.

„Das glaube ich nicht. Ins Dorf fährt man mindestens eine halbe Stunde."

„Und wie die Scheinwerfer eines Autos sieht das auch nicht aus", stellte Valerie fest. Zwei tanzende Lichtkegel näherten sich langsam dem Haus.

„Was hat das zu bedeuten?" Lisa konnte die Angst in Majas Stimme hören und legte beruhigend eine Hand auf ihre Schulter. „Das sind sicher nur Spaziergänger, die sich verlaufen haben." Sie gab sich Mühe, gelassen zu klingen, obwohl sie selbst ein mulmiges Gefühl hatte. Als hinter den Bäumen zwei dunkle Gestalten auftauchten, hielten die Mädchen vor Schreck die Luft an. Maja knabberte nervös an ihren Fingernägeln. „Was, wenn sie an der Tür klingeln?"

Lisa hatte eine Idee. „Wir machen alle Lichter aus! Dann denken sie, niemand sei zu Hause."

„Ich übernehme das!" Valerie lief sofort los, um die wenigen Lichter, die sie bei ihrer Suche gebraucht hatten, auszuschalten.

Die beiden Fremden hatten das Haus nun fast erreicht. „Das sind auf jeden Fall Männer", dachte Lisa, als sie die Umrisse der Gestalten genauer betrachtete. Der eine war klein und etwas rundlich um die Körpermitte, der andere groß und kräftig gebaut und erinnerte Lisa an einen Gorilla. Die Mädchen spähten vorsichtig aus dem Fenster. „Gleich sind sie bei der Tür", wisperte Maja. Lisa spürte, wie ihr Herz gegen ihren Brustkorb hämmerte. Als die Männer zu der Weggabelung kamen, an der man entweder nach links zum Hauseingang oder nach rechts in den Garten gehen konnte, blieb der große kurz stehen. „Was hat er denn?", fragte sich Lisa, aber da lief er dem anderen schon hinterher. Die beiden Männer wollten offensichtlich gar nicht zum Haus, denn sie entschieden sich für den rechten Weg und verschwanden aus dem Sichtfeld der Mädchen.

„Ab zum nächsten Fenster!" Valerie schubste die anderen vor sich her in die Küche.

„Sie laufen zum Stall!", rief Maja. Plötzlich ging ein gleißend helles Licht an und die Männer blieben wie festgefroren stehen. Lisa konnte ihre Angst förmlich riechen.

„Hihi, das war doch bloß ein Bewegungsmelder", kicherte Valerie.

Auch die Männer hatten bemerkt, dass die Luft rein war, und gingen zur Stalltür. Lisas Knie wurden weich wie Butter. Die Kerle waren doch nicht etwa gekommen, um Baldur zu klauen?

„Was hat der große Kerl gerade aus seiner Tasche hervorgekramt?" Valerie kniff die Augen zusammen.

„Sieht aus wie ein Zettel", sagte Lisa. Der Gorilla schien seinem Kollegen etwas vorzulesen, während der mit dem Zeigefinger auf den Bildschirm neben der Tür tippte.

„Der wird sich gleich ärgern, wenn er die Tür nicht öffnen kann." Valerie grinste, doch im nächsten Moment sprang die Stalltür auf. Lisa rang nach Atem. „Woher haben die Typen den Code?"

Nur Majas Aufmerksamkeit war auf etwas anderes gerichtet. „Habt ihr gesehen, dass dem Gorilla etwas runtergefallen ist, als er den Zettel aus der Tasche gezogen hat?"

„Nö", sagte Valerie. „Was war es denn?"

„Ganz sicher bin ich mir nicht. Ich hab' es nur kurz im <u>Licht</u> der Taschenlampe gesehen."

Was hat der Einbrecher vor dem Stall verloren?

 Ein Taschenmesser

 Einen Autoschlüssel

 Einen Geldbeutel

Schau auch auf die nächste Seite!

Was sind denn das für Zeichen?
Na, geht dir ein Licht auf?

*L*isa drückte die richtige Schlüsselkarte wie einen Schatz an sich und strahlte über das ganze Gesicht. Sie hatten es wirklich geschafft! „Jetzt ist Baldur in Sicherheit und wir bringen die Schlüsselkarte ..." Lisa fuhr erschrocken zusammen. Hinter ihr schlug jemand mit solcher Wucht gegen das Fenster, dass die Glasscheibe im Rahmen erzitterte. Eine dunkle Gestalt mit kohlrabenschwarzem Gesicht stand da.

„Verfluchte Gören!"

„Alfons Kirsche!", kreischte Valerie und der Schreck stand ihr ins Gesicht geschrieben.

Beim Klang seines Namens schlug der Bösewicht erneut mit den flachen Händen gegen die Scheibe. Diesmal noch fester und Lisa kniff in Erwartung herumfliegender Splitter die Augen zusammen. Das Glas aber hielt den Schlägen weiterhin stand.

„Nichts wie weg hier!" Maja war die Erste, die wieder einen klaren Gedanken fassen konnte und zur Tür eilte. Ihre Hände zitterten vor Angst, als sie den Schlüssel umdrehte und auf den Gang hinaussprang. In diesem Moment hörten die Mädchen lautes Getrampel in der Küche.

„Der Gorilla ist im Haus", japste Valerie und wurde starr vor Schreck. Lisa packte ihre Freundinnen am Handgelenk und zog sie hinter sich her. „Wir müssen aus einem Fenster im Wohnzimmer klettern!" Zum ersten Mal in ihrem Leben empfand sie dieses Haus als viel zu groß. Mit jedem Schritt schienen sich die Räume vor ihr in die Länge zu ziehen und die Wohnzimmertür in noch größere Ferne zu rücken. Lisa wollte nur weg. Raus aus diesem Haus, hinunter zur Straße und irgendwohin, wo sie in Sicherheit waren. Endlich hatten sie das Wohnzimmer erreicht. Lisa riss eines der Fenster auf und schwang ihre Beine über den Sims. Obwohl sie sich im Erdgeschoss befanden, kam ihr der Sprung ins Freie so vor, als falle sie meterweit in die Tiefe. Auch Valerie und Maja landeten wenige Sekunden später unsanft neben ihr.

„Hast du die Schlüsselkarte mitgenommen?", fragte Valerie, bevor sie weiterliefen.

„Klar doch!" Lisa legte die Hand auf die Stelle ihrer Jeans, an der sie die Karte aus Plastik deutlich spüren konnte.

„Schlüsselkarte?"

Lisa fuhr herum und sah direkt in die Augen des Gorillas, der sich aus dem Fenster gelehnt hatte und zornig auf die Mädchen hinunterblickte. Sein Gesicht war ebenso schwarz wie das von Alfons Kirsche. Er streckte die Hand nach Lisa aus und wollte sie packen, aber sie machte gerade noch rechtzeitig einen Satz zurück. Am liebsten hätte sie einen Schrei ausgestoßen, aber kein Ton kam aus ihrer Kehle.

„Lauft!", kreischte Maja dafür umso lauter.

Der Gorilla zögerte nicht. Mit einem gewaltigen Satz sprang er ebenfalls aus dem Fenster und jagte den Mädchen hinterher. Mit seinen kräftigen Beinen hatte er einen klaren Vorteil im tiefen Schnee und kam viel schneller voran als die Kinder. Es war nur noch eine Frage der Zeit, bis er sie eingeholt haben würde.

„Sie haben die Schlüsselkarte!", rief der Gorilla und deutete Alfons Kirsche mit beiden Händen, ihm zu folgen. Lisa wurde ganz elend zumute. Warum hatte Valerie sie bloß nach der Schlüsselkarte gefragt und dem Gorilla alles verraten? Mit jedem Schritt wurden Lisas Beine schwerer und schwerer. Sie hatte das Gefühl, kaum von der Stelle zu kommen. Da hörte sie in der Ferne ein helles Kläffen. „Maxi!" Mit einem Schlag kehrten all die verloren geglaubte Hoffnung und ihre Kraft zurück. „Wir müssen zur Straße! Onkel Arthur ist da."

Welcher Weg zur Straße ist der richtige?

A
B
C

Ganz schnell auf die nächste Seite blättern!

Die Mädchen müssen so schnell wie möglich durch den Garten und zum Einfahrtstor laufen. Welcher Weg zur Straße ist der richtige?

„Bist du dir absolut sicher?", fragte Valerie.

Maja, die auf jeden Mathetest eine Eins bekam, nickte. „Ja! Gib endlich den Code ein!"

Mucksmäuschenstill standen die Mädchen da und lauschten gebannt. Kaum hatte Valerie die letzte Taste gedrückt, ertönte ein leises Surren hinter einem Regal. Eilig schob Lisa die Vorratsdosen zur Seite, um herauszufinden, woher das Geräusch gekommen war. „Der eine Backstein steht viel weiter aus der Mauer heraus als die anderen", stellte sie fest. Sofort kletterte Lisa ins Regal, umfasste den Stein mit ihren Fingerspitzen und rüttelte daran. Er war tatsächlich lose und feiner roter Sand rieselte aus den Fugen, als sie ihn Millimeter für Millimeter herauszog. „Uff, sitzt der fest", stöhnte sie und pustete auf ihre schmerzenden Finger.

„Siehst du die Schlüsselkarte?", fragte Maja. Langsam löste sich der Backstein und in dem Loch dahinter lag tatsächlich etwas. Die Schlüsselkarte war es allerdings nicht, das erkannte Lisa auf den ersten Blick. Eine tiefe Enttäuschung machte sich in ihr breit, als sie ein Stück Papier und einen kleinen goldenen Schlüssel hervorholte. „Ne, leider nicht", murrte sie und spürte, wie die Sorge in ihr wuchs. Es war nur eine Frage der Zeit, bis Alfons Kirsche und sein Kollege versuchen würden, ins Haus zu gelangen.

Valerie zuckte mit den Schultern. „Es war ja klar, dass das nicht einfach wird. Dein Onkel hat doch gesagt, dass die Hinweise im ganzen Haus verteilt sind und man zusätzlich einen Schlüssel braucht, um zur Karte zu gelangen. Den Schlüssel haben wir jetzt wenigstens schon." Sie drehte den Zettel hin und her und zog nachdenklich die Augenbrauen zusammen. Auf die eine Seite war mit dickem, schwarzem Filzstift ein „V" geschrieben, auf der anderen stand eine scheinbar zufällige Reihenfolge von Buchstaben.

„Dieses Rätsel dürft ihr knacken. Mir raucht immer noch der Kopf vom Rechnen", stöhnte Maja.

Valerie ließ das Blatt Papier sinken und sagte: „Wisst ihr, was ich denke?"

„Ich kann zwar eine ganze Menge, aber Gedankenlesen gehört leider nicht dazu", antwortete Lisa trocken.

„Ha, ha", äffte Valerie und musste dennoch schmunzeln. „Ich denke, wir sollten den Gaunern einen Hinweis hinterlassen, der sie in die Irre führt. Damit gewinnen wir etwas Zeit, wenn sie erst mal im Haus sind und ebenfalls irgendwann hier landen!"

Maja nickte eifrig. „Du hast recht! Außerdem würden sie Verdacht schöpfen, wenn sie bloß ein leeres Versteck finden, und dann suchen sie nicht nur die Schlüsselkarte, sondern auch uns."

Lisa schlug sich mit der flachen Hand gegen die Stirn. „Stimmt! Wer hat eine Idee für ein tolles Rätsel?"

Valerie grinste verschmitzt. „Ich denke, wir sollten sie eine Weile in der Waschküche beschäftigen. Sie freuen sich bestimmt darüber, Onkel Arthurs Unterhosen zu durchwühlen."

„Gute Idee!" Maja zog kichernd einen winzigen Notizblock und einen Bleistift aus der Jackentasche. Eifrig begann Valerie zu schreiben, während Lisa verwundert die Stirn runzelte. „Wo hast du das denn her?"

„Hab' ich im Schlafzimmer entdeckt und zur Sicherheit mitgenommen", antwortete Maja schulterzuckend.

Valerie war bereits mit dem Rätsel fertig, steckte den Zettel in das Loch in der Mauer und schob den Backstein davor. Als auch die Fernbedienung und sämtliche Vorratsdosen wieder an ihrem Platz standen, ließ nichts mehr darauf schließen, dass hier gerade drei Mädchen alles durchwühlt hatten.

„So", sagte Lisa und rieb sich die Hände. „Knacken wir mal das echte Rätsel."

Wohin führt der nächste Hinweis die Mädchen?

 In einen weiteren Raum im Keller.

 Nach draußen in den Garten.

 In einen Raum in einem der oberen Stockwerke.

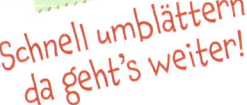

Schnell umblättern, da geht's weiter!

NEHCUARBNHITSRIWUD

REMÖRNESSIEWNEDFUAHCUAETHCA

HCANREHESNREFMED

RETNIHREMMIZNHOWMIUAHCS

Lisa war froh, dass sie mit Maja ein solches Mathegenie zur Freundin hatte. In Windeseile hatte sie herausgefunden, für welche Zahlen die Symbole standen, und so die Alarmanlage der Tür deaktiviert. Nachdem sie eine steile Treppe wieder hinauf zu einer weiteren Tür führte, die sich ausnahmsweise ohne Probleme öffnen ließ, riskierten die Mädchen erst mal einen vorsichtigen Blick.

„Wo sind wir gelandet?" Maja spähte hinter ihren beiden Freundinnen vorsichtig um die Ecke. Doch auch Lisa brauchte eine Weile, um sich zu orientieren.

„Das ist der Flur im Erdgeschoss", sagte sie, als sie eines der alten Gemälde an der Wand wiedererkannte.

„Krass, von der anderen Seite sieht die Tür aus wie ein gewöhnlicher Spiegel", stellte Valerie fest.

„Von hier ist es nicht weit bis zur Kellertür." Lisa winkte Maja zu sich, die immer noch zögerlich im Panikraum stand.

„Oder willst du lieber hierbleiben?"

„Neee", erwiderte Maja schnell und ihre Wangen färbten sich knallrot.

Die Mädchen sausten auf leisen Sohlen den Flur hinunter. Immer wieder blieben sie stehen und spitzten die Ohren, doch von den Männern war nichts zu hören. „Die stellen vermutlich die ganze Waschküche auf den Kopf", flüsterte Maja.

„Gut so!", erwiderte Lisa. Mittlerweile waren sie in der Garderobe angekommen und hatten freie Sicht auf die offen stehende Kellertür.

„Der Schlüssel steckt", wisperte Valerie. In Lisas Ohren rauschte das Blut. Jetzt oder nie! Sie tauschte einen ermutigenden Blick mit Valerie aus, dann rannten beide Mädchen los. – *Bumm!* – Ein gewaltiger Knall drang durch die Stille, als sie die Tür mit voller Wucht zuwarfen. Geschwind drehte Lisa den Schlüssel herum, zog ihn aus dem Schloss und streckte ihn wie eine Trophäe in die Luft. „Geschafft!"

Maja konnte sich einen Jubelschrei nicht verkneifen und tanzte wie wild durch die Garderobe. Ihre Freude wurde abrupt unterbrochen, als aus der Tiefe des Kellers lautes Fluchen drang.

„Die verdammte Tür ist zugefallen." Wenige Augenblicke später rüttelte jemand mit aller Kraft an der Türklinke. „Und warum ist die Tür zugesperrt? Ich sag's dir noch einmal: Irgendjemand ist im Haus!" Der Gorilla schlug gegen das Holz und Lisa hätte schwören können, dass es knackte. Ängstlich wich sie einen Schritt zurück und griff instinktiv nach Majas eiskalter Hand. Warum waren sie nicht leiser gewesen? Dann hätten die zwei Kerle viel später bemerkt, dass die Kellertür verschlossen war. Lisa ärgerte sich über sich selbst und auch über Maja, die so laut gejubelt hatte.

„Quatsch, da ist niemand. Die Tür hat sich einfach verhakt. Lass mich mal!" Alfons Kirsche riss vergeblich an der wackligen Klinke. Für einen kurzen Augenblick kehrte eine unheimliche Stille ein. „Vielleicht hast du doch recht", sagte Alfons Kirsche und Lisas Herz rutschte ihr bis zu den Knien. „Such einen Hammer! Wir müssen das Schloss zertrümmern oder von mir aus die ganze Tür."

Die drei Freundinnen hatten genug gehört. Sie drehten auf den Absätzen um und rannten durch den Flur und das Wohnzimmer bis zur Bibliothek. „Wie öffnet man diese Tür?", rief Valerie und ihre Stimme überschlug sich dabei fast. Lisa starrte auf das eigenartige Schloss und versuchte sich zu erinnern, was Onkel Arthur bei ihrem letzten Besuch getan hatte. „Ich weiß es wieder! Man muss die Buchstaben in der richtigen Reihenfolge berühren."

Wie ist das Lösungswort?

⭐ Ein Ort

⭐ Eine Beschreibung

⭐ Eine Zeitangabe

Blätter mal um, da siehst du, was gemeint ist.

Um das Lösungswort zu finden, musst du in der Mitte starten. Aber Achtung! Das System kennt keine Umlaute. Wie ist das Lösungswort?

„Perfekt!" Lisa atmete erleichtert auf, als die Tür mit einem leisen Knarren aufschwang. Sie hatten den richtigen Schlüssel auf Anhieb gefunden. Lisa wusste nicht, ob es am kalten Wind oder ihrer Angst lag, dass sich die feinen Haare auf ihren Unterarmen aufrichteten. Mutig huschte Valerie als Erste ins Freie. Dicht an die Hausmauer gedrückt, schlichen die Mädchen um die Ecke und kauerten sich hinter einen Busch.

„Dort drüben ist der Autoschlüssel." Maja deutete auf eine Stelle vor der Stalltür. Hinter den hell erleuchteten Fenstern sah Lisa die Umrisse der Männer, die lautstark nach einem Weg suchten, um Baldur aus seiner Box zu bekommen.

„Wer traut sich?", fragte Valerie. Maja schüttelte sofort den Kopf, also lag es jetzt wohl an Lisa. Sie nahm all ihren Mut zusammen. Gerade wollte sie sich von der Mauer abstoßen, da riss Maja sie mit einer solchen Kraft zurück, dass Lisa das Gleichgewicht verlor und auf dem Po im Schnee landete. „Der Bewegungsmelder!", wisperte Maja und deutete auf das schwarze Kästchen, über der Stalltür.

„Verflixt! Den habe ich total vergessen." Lisa spürte, wie ihr Herz zu rasen begann. Um ein Haar wäre sie zum Stall gelaufen und im gleißenden Scheinwerferlicht gestanden wie auf einer Bühne. Und dann ... Lisa schluckte, weil sie die Vorstellung von den beiden Männern, die aus dem Stall stürmten und sie packten, ganz schnell verdrängen wollte.

„So ein Käse!", fluchte Valerie neben ihr. „Was machen wir denn jetzt?"

Lisa dachte angestrengt nach, aber ihr Kopf war so leergefegt wie während der letzten Mathearbeit, als die Zahlen in ihrem Heft zu tanzen begonnen hatten. „Ääääh", machte sie.

„Wir brauchen so etwas wie eine Angel", flüsterte Maja.

„Eine Angel?" Valerie guckte verdutzt.

„Ja. Oder einen langen Stock, mit dem wir den Schlüsselbund erreichen können, ohne dem Bewegungsmelder zu nahe zu kommen. Der Sensor ist ja weiter oben festgemacht und reagiert nicht, wenn man dicht am Boden bleibt." Sie deutete auf den kleinen Kasten an der Stallwand. „Wir sollten also an den Schlüssel rankommen, ohne dass das Licht dabei angeht, wenn wir unterhalb des Sensors bleiben."

Lisa nickte beeindruckt. Obwohl Maja so ein Angsthase war, gingen ihr die guten Ideen niemals aus.

„Das ist der perfekte Plan!", stimmte auch Valerie zu. „Aber woher bekommen wir einen passenden Stock?"

Lisa spürte die erwartungsvollen Blicke ihrer Freundinnen auf sich ruhen. „Denk nach! Los, denk schon", sagte sie in Gedanken zu sich selbst und da fiel ihr auch schon etwas ein. „Onkel Arthur hat im Herbst ein paar Bäume gefällt und die meisten Äste hinter dem Stall aufgestapelt. Wenn wir Glück haben, sind sie immer noch dort."

„Einen Versuch ist es wert", fand Valerie.

„Wir müssen nur unbemerkt auf die andere Seite des Stalls gelangen." Maja spähte besorgt zu dem Bewegungsmelder hinüber, der alles zunichtemachen und sie verraten konnte.

„Wenn wir einen großen Bogen drum herum machen, verrät er uns bestimmt nicht", versuchte Valerie ihre Freundin zu beruhigen.

Lisa wollte gerade ihr sicheres Versteck verlassen, da fragte Maja: „Und was ist, wenn die Kerle unsere Spuren im Schnee entdecken?"

Lisa seufzte tief. Warum musste sich Maja bloß wegen jeder Kleinigkeit solche Sorgen machen?

„Da sind doch auch Tausend andere Spuren", sagte Valerie. „Außerdem wissen die Typen ja nicht, dass unsere Fußabdrücke frisch sind."

Maja nickte, obwohl sie immer noch nicht ganz beruhigt zu sein schien. „Na gut ...", murmelte sie und folgte ihren Freundinnen.

An wie vielen Strohballen kommen die drei Freundinnen auf ihrem Weg zum Stall vorüber?

5 Strohballen

7 Strohballen

9 Strohballen

Schnell umblättern, da geht's weiter!

Lisa hat sich schon oft abends heimlich zu den Pferden geschlichen und kennt einen sicheren Weg zum Stall. Der führt an einigen aufgestapelten Strohballen vorbei, hinter denen sie in Deckung gehen können. An wie vielen Strohballen kommen die drei Freundinnen auf ihrem Weg zum Stall vorüber?

1	2	3	4	5	6	7	8	9	10	11	12	13
						▢						
	▢							▢		▢		
						▢					▢	
		▢	▢									
	▢								▢			
						▢						
▢				▢	▢					▢		
							▢					▢

Stall

„Oh Mann, wie diese Treppe knarrt", fluchte Valerie, als sich die Mädchen auf den Weg ins dritte Stockwerk machten.

„Bist du dir sicher, dass das Geräusch von der Treppe kam?" Maja war stehen geblieben und wurde ganz blass um die Nase. Es knarrte erneut und diesmal gab es keinen Zweifel daran, dass das Geräusch aus der Küche kam.

„Du hast die Hintertür doch wieder zugesperrt, oder?", hauchte Valerie und guckte Lisa flehend an. Lisa wollte etwas sagen, aber sie brachte kein Wort hervor. Die Gedanken überschlugen sich in ihrem Kopf. „Sag mir, dass du zugesperrt hast!" In Valeries Stimme klang etwas mit, das Lisa von ihrer Freundin gar nicht kannte: Angst. Valerie hatte eindeutig Angst.

„I-i-ich?", stammelte Lisa.

„Ja, du! Du hattest doch den Schlüssel!"

Nein, Lisa hatte die Tür nicht zugesperrt. Sie hatte es vergessen, weil ihr Kopf viel zu sehr mit der Sorge um Onkel Arthur, Maxi und Baldur beschäftigt gewesen war. Lisas Herz fühlte sich an, als würde eine Hand aus Eis danach greifen, und sie begriff, in welcher Gefahr nicht nur sie und ihre beiden Freundinnen schwebten, sondern auch Baldur.

Es knarrte noch einmal laut und kurz darauf hörten die Mädchen ein wieherndes Lachen, das durch das dunkle Erdgeschoss hallte. „Da macht Arthur so einen Zirkus um die Sicherheit seines Gauls und dann lässt er die Hintertür sperrangelweit offen", grölte Alfons Kirsche. „Los, machen wir uns auf die Suche nach dem Schlafplatz des Köters." Mit schweren Schritten polterten die beiden Kerle durch den Flur.

Lisa stieß einen so fürchterlichen Fluch aus, dass Valerie und Maja sie völlig entgeistert ansahen. „Worauf wartet ihr?", zischte sie. „Weg hier!"

Obwohl die Mädchen sich alle Mühe gaben, lautlos nach oben zu huschen, ächzte das alte Holz bei jedem Schritt. Lisa kam es vor, als wolle das Haus ihre Anwesenheit um jeden Preis verraten. „Hast du das gehört? Da ist jemand!", hörte Lisa den Gorilla im Wohnzimmer sagen.

„Ach was, das bildest du dir ein", fuhr Alfons Kirsche ihn an.

Lisa nahm jetzt immer zwei Treppenstufen auf einmal und hechtete ihren Freundinnen hinterher, die bereits oben angekommen waren.

„Das ist ja wie ein Labyrinth!" Maja hatte den Plan an sich genommen und navigierte die Gruppe zielsicher durch die richtigen Türen.

„Hier ist es", sagte sie, als sie in einen Raum kamen, der bis auf einen großen Schrank vollkommen leer war.

„Bist du sicher?", fragte Lisa.

Maja zog einen Schmollmund. „So sicher, wie du vergessen hast, die Hintertür zuzusperren."

„Leute, fangt jetzt bloß nicht an zu streiten! Wir sind in einer Sackgasse gelandet", unterbrach Valerie die beiden. Tatsächlich gab es in diesem Raum keine einzige weitere Tür. Prüfend klopfte Valerie die Wände ab. „Vielleicht ist irgendwo ein versteckter Durchgang", sagte sie und blieb schlussendlich vor dem großen Schrank stehen. „Helft mir mal, das Ding zur Seite zu rücken." Lisa und Maja hatten ihren Konflikt schon wieder vergessen und packten sofort mit an.

„Mensch, ist das laut." Der Boden quietschte und ächzte, als die Mädchen den schweren Schrank zur Seite schoben. Lisa sah sich ängstlich um. Alfons Kirsche konnte jeden Moment auftauchen.

„Na bitte!", rief Valerie, denn hinter dem Möbelstück war tatsächlich eine Tür zum Vorschein gekommen. „Abgesperrt", stellte Maja enttäuscht fest. Lisa aber zeigte auf ein Tastenfeld an der Wand. „Ich wette, wir müssen eine dieser Tasten drücken, um sie zu öffnen."

Welche Taste öffnet den Mädchen die Tür?

⭐ Die erste

⭐ Die dritte

⭐ Die fünfte

Schnell auf die nächste Seite blättern!

Welche Taste öffnet die Tür?

1   2   3   4   5   6

Ein dunkler Gang lag vor Lisa. Sie wollte gerade hineinschlüpfen, da hörte sie Alfons Kirsche schimpfen: „Weihnachtsschmuck? Was für eine Zeitverschwendung! Ich sagte doch: Hier ist niemand. Alte Häuser machen nun mal Geräusche." Zum Glück konnte er sie hinter all den Kisten nicht sehen!

Vorsichtig schloss Lisa die Tür hinter sich und atmete tief durch. Sie waren in Sicherheit! Ihr Herz hämmerte wild und sie wagte kaum darüber nachzudenken, wie knapp sie den beiden Einbrechern gerade entkommen waren.

Maja ließ den Strahl der Taschenlampe über die von Spinnweben überzogenen Mauern gleiten. „Hier war wohl ewig niemand mehr", sagte sie. Lisa lief beim Anblick der dicken, klebrigen Fäden ein kalter Schauer über den Rücken.

„Der Gang führt nach unten", stellte Valerie fest. „Hoffentlich laufen wir den Kerlen nicht direkt in die Arme." Daran wollte niemand einen weiteren Gedanken verschwenden und so liefen sie schweigend hintereinander her.

„Stopp!", rief Maja plötzlich so laut, dass Lisa erschrocken den Kopf einzog.

„Was ist los?", fragte Valerie alarmiert.

„Eine Leiter!", sagte Maja.

„Eine Leiter?", wiederholte Lisa.

„Ja, und sie führt ebenfalls nach unten." Maja richtete den Lichtstrahl in die Tiefe. Einen Augenblick sahen die Mädchen einander nur ratlos an.

„Ich geh ja schon", schnaubte Valerie schließlich und verschwand als Erste in dem engen Schacht. Maja folgte ihr zögerlich, weil sie nicht allein in dem dunklen Gang zurückbleiben wollte. Also war es Lisa, die mit der Taschenlampe zwischen den Zähnen und dem Holzpferd unter dem Arm das Schlusslicht bildete. Noch bevor sie unten angekommen war, hörte Lisa, wie sich ihre Freundinnen an irgendetwas zu schaffen machten. Ein Quietschen durchbrach die Stille, dann klang es, als würden sie etwas Schweres hochheben.

„Das ist ja mal 'ne Überraschung", rief Valerie und stieß einen Pfiff aus. Lisa beschleunigte ihre Schritte und wäre um ein Haar von der Leiter gerutscht. In letzter Sekunde fand sie das Gleichgewicht wieder und kam heil am unteren Ende an. Dort befand sich eine Luke. Maja und Valerie hatten sie geöffnet und waren bereits in den Raum gestiegen. Mit großen Augen sahen sie sich um.

„Wo sind wir denn jetzt wieder gelandet?" Lisa steckte ihren Kopf durch die Öffnung und zog beim Anblick Dutzender Wasserflaschen und Konservenbüchsen verwundert die Augenbrauen zusammen.

„Das muss ein Panikraum sein", wusste Valerie. „Ich habe vor Kurzem einen Bericht darüber im Fernsehen gesehen. In solchen Räumen kann man sich in Sicherheit bringen, wenn man zu Hause überfallen wird."

Lisa wollte über so etwas eigentlich gar nicht nachdenken. Die kleine Kammer war ihr unheimlich und erinnerte sie an einen Bunker. Es kostete sie viel Überwindung, ebenfalls hinein zu gehen.

„Cool! Es gibt sogar einen Fernseher." Maja griff nach der Fernbedienung und ließ sich auf das klapprige Sofa fallen. Anscheinend fühlte sie sich in dem winzigen Raum im Gegensatz zu Lisa sogar richtig wohl. Sie drückte sämtliche Tasten,

auf denen statt Zahlen seltsamerweise weihnachtliche Symbole abgebildet waren, doch der Bildschirm blieb schwarz.

„Hier, ich hab etwas für dich", flötete Valerie. Sie hatte neben dem Fernseher eine schwarze Mappe mit allerlei Papierkram entdeckt und streckte Maja die erste Seite entgegen, auf der dieselben Symbole wie auf der Fernbedienung zu sehen waren.

„Ein Rätsel?" Maja verdrehte die Augen. „Oh Mann, nicht schon wieder!"

Welche Tastenkombination ist die richtige?

1.
2.
3.

Das Rätsel ist auf der Rückseite.

Welche Tastenkombination ist die richtige?

Es gibt einen Stern, einen Weihnachtsbaum, ein Geschenk und eine Glocke.
Eine der Formen ist gelb, eine grün, eine blau und eine rot.

- Am Anfang steht kein Stern.
- Das dritte Symbol ist kein Weihnachtsbaum.
- Die Glocke ist nicht blau.
- Das grüne Symbol steht an zweiter Stelle.

Die Mädchen kauerten sich hinter dem Stall zusammen und starrten fassungslos auf den Schlüsselbund. „Alfons Kirsche", murmelte Lisa. „Er will sicher verhindern, dass Baldur beim Turnier antritt. Onkel Arthur ist schließlich sein größter Konkurrent ..."

„Der ist garantiert auch für das Verschwinden der anderen Pferde und die Erpressungen verantwortlich!", sagte Valerie.

Lisa wiegte nachdenklich den Kopf hin und her. „Das könnte gut sein."

„Der Schlüssel ist auf jeden Fall der Beweis, dass dieser Herr Kirsche hier war", stellte Maja fest.

„Tja, und jetzt sitzt er wohl fest." Valerie kicherte verstohlen und schwenkte den Autoschlüssel durch die Luft.

In diesem Moment flog ein Stallfenster auf.

„Diesen Pferdegeruch hält man ja nicht aus", rief eine tiefe Stimme. Vorsichtig spähten die Mädchen ums Eck. Lisa sah, wie sich der Gorilla über den Sims nach draußen lehnte und gierig die kühle Abendluft einsaugte.

„Stell dich nicht so an", hörte Lisa Alfons Kirsche im Stall rufen. Der Gorilla lehnte sich aber noch weiter aus dem offenen Fenster.

„Hoffentlich klappt der Plan", murmelte er und klang, als sei ihm die Lust an der Sache vergangen.

„Natürlich klappt er!", rief Alfons Kirsche verärgert. „So oder so wird Baldur nicht am Wettkampf teilnehmen. Wenn Arthur das hohe Lösegeld bezahlen kann, hat er danach sicher nicht mehr genug, um das Startgeld für den Wettbewerb zu begleichen. Und wenn er nicht zahlt ... Tja, dann ist Baldur weiterhin in unserer Gewalt und kann ebenfalls nicht antreten. Wir können also nur gewinnen."

„Ohne die Schlüsselkarte wird es aber nicht funktionieren", brummte der Gorilla. „Wo hat Arthur die angeblich versteckt?"

„Mensch, bist du vergesslich! Sein Hund soll darauf schlafen. Also wird sie wahrscheinlich in der Hundehütte liegen. Ich hatte gehofft, dass wir auch so in die verdammte Box kommen, aber wir haben schon genug Zeit damit verplempert."

Lisa zog scharf die Luft zwischen den Zähnen ein. Oh nein! Alfons Kirsche war mit seiner Vermutung, dass Maxi etwas mit der Schlüsselkarte zu tun hatte, auf der richtigen Spur. Bestimmt würde es nicht lange dauern, bis er an das Körbchen in Onkel Arthurs Schlafzimmer dachte und dann … Lisa blieb jedoch gar keine Zeit, weiter darüber nachzudenken, denn der Gorilla wandte sich um und rief: „Was hast du gesagt?"

Lisa konnte die Antwort nicht verstehen. Alfons Kirsche war viel zu weit vom Fenster weg. „Natürlich habe ich den Brief in den Briefkasten geworfen. Ich bin doch nicht blöd." Der Gorilla stieß ein beleidigtes Grunzen aus.

„Welcher Brief?", flüsterte Valerie Lisa ins Ohr. „Wir müssen zum Briefkasten und nachsehen!"

Der Briefkasten stand an der Weggabelung, an der die Mädchen die Einbrecher vorhin von ihrem Beobachtungsposten am Fenster aus den Augen verloren hatten. „Deswegen ist der Gorilla also hier stehen geblieben", kombinierte Valerie, als sie das Kuvert aus dem Briefkasten zog. „Och ne, das Papier ist ja ganz nass. Der Briefkasten ist wohl nicht dicht."

„Können wir ins Haus gehen und ihn dort lesen?" Maja hüpfte nervös von einem Fuß auf den anderen und blickte sich immer wieder um.

Aber Valerie hatte den Umschlag bereits aufgerissen und versuchte, den Brief im Schein ihrer Handytaschenlampe zu entziffern. „Verflixt! Ein paar Wörter sind durch das Wasser total verwischt."

„Wir werden uns den Inhalt schon zusammenreimen", sagte Lisa und stellte sich auf die Zehenspitzen, um über Valeries Schulter gucken zu können.

Was verlangen die Erpresser von Onkel Arthur?

 Dass er das Geld im Krankenhaus abgibt und sich auf eine Bank setzt.

 Dass er das Geld im Park neben die große Eiche stellt und verschwindet.

 Dass er das Geld im Park neben die große Eiche stellt und dort wartet.

 Der Brief ist auf der nächsten Seite.

Samstag – Lösegeld – Eiche – Baldur –
200.000 Euro – Koffer – siehst – bezahlen
– unter – Mitternacht – Informationen –
Krankenhaus – Post – Übergabe – Park –
Brunnen – Polizei – verschwinde

Hilf mit, die ver-
schmierten Worte
wieder zu ersetzen.

Wenn du _____ wiederhaben willst, musst du _____ . Wir
verlangen _____ ! Komm am _____ um _____
in den _____ vom _____ . Wir erwarten das
in einem schwarzen _____ . Diesen stellst du _____ die große
_____ neben dem _____ . Warte nicht, sondern _____
sofort wieder. Und keine _____ ! Sonst _____ du Baldur nie
wieder! Weitere _____ zur _____ des Gauls folgen
per _____ !

„Höher!" Maja machte sich so lang, wie sie konnte. Sie musste unbedingt an die Kiste gelangen, die der exakt gleiche Weihnachtsbaum zierte wie der, der von dem Projektor an die Wand geworfen wurde. „Noch ein kleines Stück." Valerie, die ihre Hände zu einer Räuberleiter verschränkt hatte, nahm all ihre Kraft zusammen und stemmte ihre Freundin ein wenig höher.

„Ich hab sie!" Maja hievte endlich die Kiste vom Stapel.

„Strohsterne", stellte sie enttäuscht fest. „Strohsterne in allen Formen und Größen."

Valerie steckte ihren Kopf ebenfalls in die Kiste. „Ist da wirklich nichts anderes drin?"

„Lass mich mal", sagte Lisa, kippte die Kiste kurzerhand zur Seite und schüttete ihren Inhalt auf den Boden. Unter den Strohsternen kam der hölzerne Kopf eines kunstvoll geschnitzten Pferdes zum Vorschein.

Maja zog die Pferdefigur heraus und besah sie sich von allen Seiten.

„Der Sattel ist aber hübsch! Jemand hat sich richtig viel Mühe gegeben, diese winzigen Symbole hineinzuschnitzen."

„Wenn das Pferd kein Hinweis ist, dann weiß ich auch nicht", war Valerie überzeugt.

„Aber wie soll dieses Rätsel funktionieren?", wunderte sich Lisa. Sie waren schon so weit gekommen und hatten die kniffligsten Aufgaben geknackt, aber beim Anblick der Holzfigur verließ sie doch langsam der Mut.

„Vielleicht gibt's noch irgendwo einen Zettel, der uns erklärt, was es damit auf sich hat." Hoffnungsvoll kippte Maja auch die restlichen Strohsterne auf den Boden. „Mist! Fehlanzeige", sagte sie enttäuscht.

„Wartet mal! Auf seinem Bauch steht etwas", stellte Valerie fest und zeigte Lisa die Symbole auf der Unterseite des Holzpferdes. Diesmal waren es ein I und ein X. „Sind das wieder diese römischen Zahlen?"

Lisa hob die Schultern. „Ja, aber ich habe keine Ahnung, was Onkel Arthur uns damit sagen will. Die könn..."

„Pssst!", zischte Maja plötzlich und legte den

Zeigefinger über die Lippen. „Ich glaube, wir bekommen Besuch."

„Nicht schon wieder!", fluchte Valerie. Im Nebenraum waren die Stimmen von Alfons Kirsche und seinem Komplizen deutlich zu vernehmen.

„Ich sag es noch einmal: Ich habe hier oben etwas gehört! Als würde jemand Möbel durch die Gegend schieben ..." Der Gorilla schien felsenfest davon überzeugt, dass sie nicht allein im Haus waren. „Siehst du! Der Schrank steht noch nicht lang auf diesem Platz. Er war vorher dort drüben. Dort, wo die Staubschicht nicht so dick ist."

„Verflixt, der Kerl ist doch schlauer, als er aussieht", dachte Lisa.

„Schnell! Wir müssen weg! Wie geht's von hier aus weiter?", wisperte sie ihren Freundinnen zu. Maja hatte bereits den Plan aus der Tasche gezogen und zeigte mit dem Zeigefinger darauf. „Auf der anderen Seite gibt es eine zweite Tür. Sie ist allerdings als verschlossen gekennzeichnet."

„Wahrscheinlich mit einem von Onkel Arthurs lustigen Rätseln", murrte Valerie.

„Beeilt euch! Der Gorilla lässt garantiert nicht locker." Lisa würgte die Angst, die ihre Kehle hoch kroch, wieder hinunter und half ihren Freundinnen bei der Suche nach der Tür.

Es war Maja, die hinter einem Rentier fündig wurde. „Mach mal Platz, Rudolph", sagte sie und schob die Plastikfigur zur Seite. Neben der Tür war mal wieder ein Tastenfeld angebracht und darüber hingen ein Hinweisschild und eine Uhr, auf deren Ziffernblatt keine Zahlen, sondern Buchstaben standen.

„Lisa, das ist eindeutig eine Aufgabe für dich", stellte Valerie sofort fest.

Welcher Zahlencode öffnet die Tür?

5 – 7 – 9

6 – 8 – 9

5 – 8 – 9

Und schwupp – zur nächsten Seite :-)

Hoffentlich hast du die sechs Buchstaben ge-funden, die du jetzt brauchst! Im alten Rom stehen sie nämlich für jene drei Zahlen, die dir diese Tür öffnen.

„Dein Onkel ist ja ein richtiger Bücherwurm", sagte Valerie, die das Lösungswort für die Bibliothek offensichtlich für sehr passend hielt. Sie ließ ihren Blick über die vielen Regale schweifen, die sich unter der Last der unzähligen Bücher krümmten.

„Ja, er liest fast so gern, wie er fernsieht", antwortete Lisa grinsend.

„Können wir uns bitte ganz schnell auf die Suche nach dem nächsten Hinweis machen?", bettelte Maja und blickte immer wieder Richtung Tür. Von der Ferne drang ein lautes Klopfen. Alfons Kirsche und der Gorilla hatten wohl einen Hammer oder etwas Ähnliches gefunden und schlugen mit solcher Kraft auf die Kellertür ein, dass das Geräusch durchs ganze Haus schallte.

Aufmerksam sah sich Lisa in der Bibliothek um. Auf jedem Buchrücken war ein farbiges Etikett mit einer Zahl darauf angebracht. „Also ich weiß ja nicht, nach welchem System Onkel Arthur die Bücher sortiert hat, aber es geht auf jeden Fall nicht nach der Reihenfolge der Zahlen", stellte sie enttäuscht fest.

„Das ist es!", rief Maja, die immer noch das Holzpferd in der Hand hielt. „Wir müssen nach dem Buch Nummer 345 suchen!" Sie zeigte auf die Startnummer, die auf dem Pferd zu sehen war. Suchend ließ sie ihren Zeigefinger über die Buchrücken gleiten. „Dreißig, achtzig, siebzehn, einhundertzwei ...", murmelte sie dabei leise vor sich hin.

„Na toll, da suchen wir ja ewig", murrte Valerie und ließ sich frustriert auf die einzige Sitzgelegenheit in der Bibliothek fallen. Neben dem Sessel stand ein kleiner Beistelltisch, auf dem zwischen einigen leeren Teetassen ein aufgeschlagenes Buch mit einem schlichten blauen Einband lag. Valerie griff danach und las den Titel laut vor: „Die Kunst des Verlierens." Sie schüttelte den Kopf. „Was für ein blödes Buch. Kein Mensch will lernen, wie man verliert."

„Ich finde, Alfons Kirsche könnte von diesem Buch eine Menge lernen", sagte Lisa, die gerade aus dem hintersten Winkel der Bibliothek zurückkehrte. „Aber wie wäre es, wenn du uns mal beim Suchen hilfst?"

„Ja, schon gut." Valerie schlug das Buch zu und legte es so eilig zurück auf den Tisch, dass es über die Kante rutschte und auf dem Boden landete.

„Hoppla", sagte Lisa und bückte sich schnell danach. Schließlich wusste sie, dass ihr Onkel es gar nicht mochte, wenn man mit seinen Büchern schlecht umging. Sie wollte es gerade aufheben, da fiel ihr Blick auf ein weiteres Büchlein, das Onkel Arthur unter eines der Tischbeine geschoben hatte. „Komisch!", dachte sie. Ein Unwissender hätte bestimmt gedacht, dass er das bloß gemacht hatte, damit der Tisch nicht wackelte, aber Lisa war sich sicher, dass das kleine Buch nicht zufällig dort lag. Als sie einen genaueren Blick auf das Buch warf, sah sie die Nummer auf dem Buchrücken auch sofort. „Wen haben wir denn da?", sagte sie, hob den Tisch vorsichtig hoch und zog das Buch mit der Nummer 345 darunter hervor.

„Habt ihr es etwa gefunden?", erklang Majas Stimme aus einer besonders dunklen Ecke.

„Ja, komm schnell!", erwiderte Valerie.

„Das ist bloß ein leeres Notizbuch", stellte Lisa enttäuscht fest und blätterte durch die blütenweißen, unbeschriebenen Seiten.

„Vielleicht ...", fing Maja nachdenklich an und wurde gleich wieder von Lisa unterbrochen. „Wartet! Hier, auf der ersten Seite steht etwas!"

Valerie linste auf die fein säuberlich geschriebenen Buchstaben und sagte: „Das ist wirklich ein eigenartiger Text und noch etwas kommt mir seltsam vor ..." Und noch während sie das sagte, wurde den Mädchen klar, dass sie gerade Onkel Arthurs nächstes Rätsel entdeckt hatten.

Was macht Onkel Arthur in dem Raum, in den der Hinweis die drei Freundinnen als Nächstes führt?

Kochen

Schlafen

Arbeiten

Wenn du umblätterst, findest du den Text.

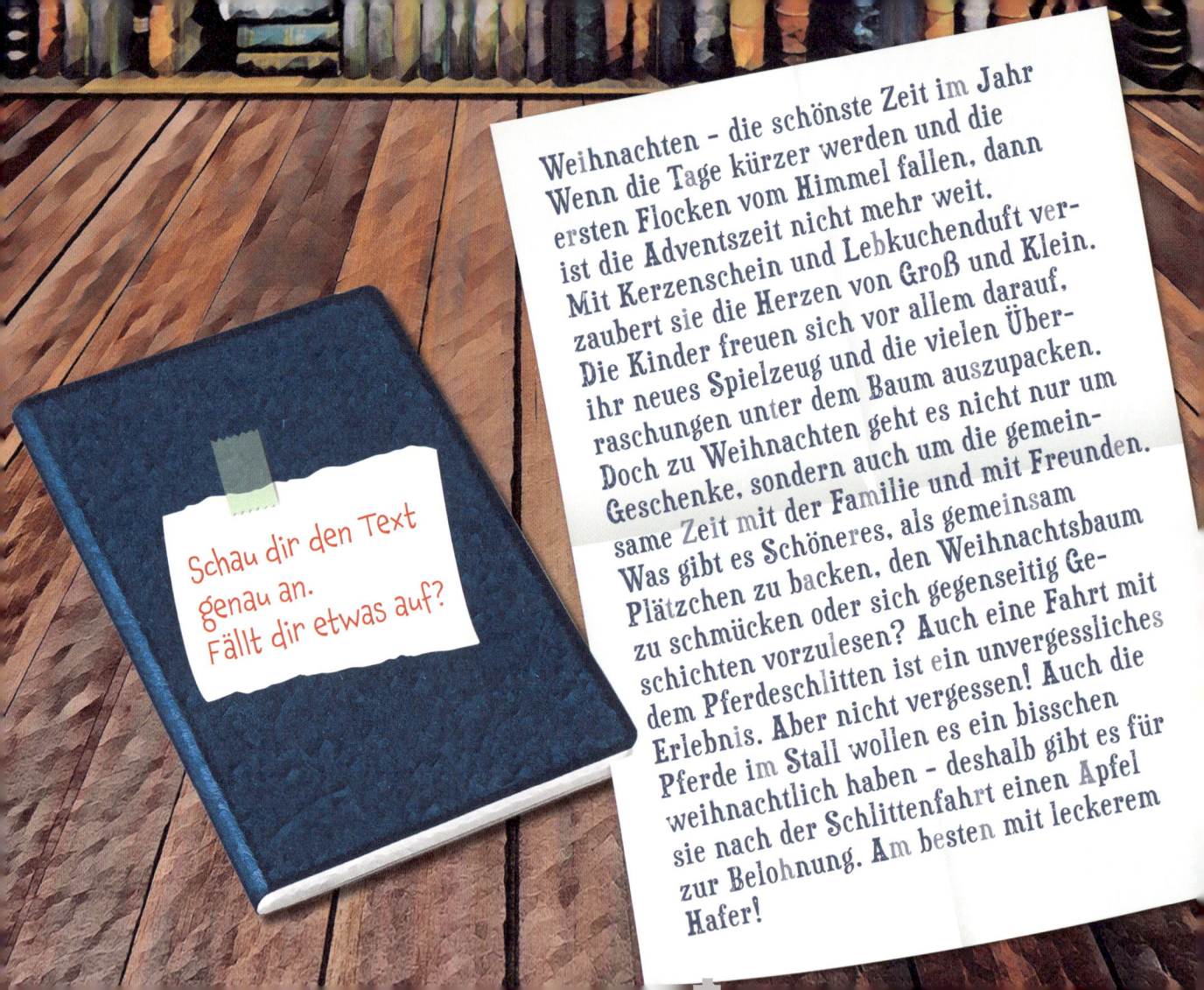

Schau dir den Text
genau an.
Fällt dir etwas auf?

Weihnachten – die schönste Zeit im Jahr
Wenn die Tage kürzer werden und die
ersten Flocken vom Himmel fallen, dann
ist die Adventszeit nicht mehr weit.
Mit Kerzenschein und Lebkuchenduft ver-
zaubert sie die Herzen von Groß und Klein.
Die Kinder freuen sich vor allem darauf,
ihr neues Spielzeug und die vielen Über-
raschungen unter dem Baum auszupacken.
Doch zu Weihnachten geht es nicht nur um
Geschenke, sondern auch um die gemein-
same Zeit mit der Familie und mit Freunden.
Was gibt es Schöneres, als gemeinsam
Plätzchen zu backen, den Weihnachtsbaum
zu schmücken oder sich gegenseitig Ge-
schichten vorzulesen? Auch eine Fahrt mit
dem Pferdeschlitten ist ein unvergessliches
Erlebnis. Aber nicht vergessen! Auch die
Pferde im Stall wollen es ein bisschen
weihnachtlich haben – deshalb gibt es für
sie nach der Schlittenfahrt einen Apfel
zur Belohnung. Am besten mit leckerem
Hafer!

„Bingo! Wir sind schon echte Profis im Rätselknacken." Lisa nickte zufrieden. Sie hatte die richtige Taste gefunden und stieß die geheime Tür auf, die gerade noch hinter dem Schrank versteckt gewesen war.

„Dein Onkel wird sich ganz schön wundern, dass wir die Schlüsselkarte so leicht gefunden haben", freute sich Valerie.

„Da gibt's nur ein Problem", wandte Maja ein. „Von der doofen Schlüsselkarte fehlt immer noch jede Spur und wenn sie in diesem Chaos steckt, werden wir noch nächste Weihnachten danach suchen."

„Ach du Schande", entfuhr es Lisa. Vor ihnen stapelten sich Kisten bis knapp unter die Decke und unzählige Lichterketten, Lamettaschlangen und anderer Weihnachtskram hing an den Wänden. Das Seltsamste aber waren die riesigen weihnachtlichen Figuren, die Onkel Arthurs Garten jedes Jahr im Advent hell erleuchteten. Da standen Weihnachtsmänner in unterschiedlichen Größen, eine Kutsche und mehrere Rentiere, aber auch ein riesiger Weihnachtsbaum aus Plastik.

„Was für ein eigenartiger Ort", wunderte sich Valerie.

„Jetzt weiß ich endlich, wo Onkel Arthur seine Weihnachtsdekoration aufbewahrt", sagte Lisa.

„Und jetzt?", fragte Maja. „Wir können unmöglich sämtliche Kisten nach dem nächsten Hinweis durchsuchen."

Lisa ließ ihren Blick aufmerksam durch den Raum wandern. Sie sah sich jeden Winkel und jede Kiste ganz genau an in der Hoffnung, irgendein brauchbares Detail zu entdecken, das sie der Schlüsselkarte einen Schritt näher brachte. Ihr fiel auf, dass auf allen Kisten Weihnachtsbäume abgebildet waren. Aber noch etwas anderes sprang ihr ins Auge.

„Die Steckdose ...", sagte Lisa und berührte das schwarze Kabel, das von der Steckdose in der Wand wegführte und zwischen zwei Kistenstapeln verschwand. Sie wusste selbst nicht, was sie daran störte, aber aus irgendeinem Grund zog es ihre Aufmerksamkeit auf sich.

„Was ist damit?", fragte Valerie ein wenig spöt-

tisch. „Das ist eine stinknormale Steckdose und die hat dein Onkel so benutzt, wie man die Dinger eben verwendet. Er hat ein Gerät angesteckt. Was ist daran so besonders?"

„Ja, schon ...", sagte Lisa und war dem Kabel schon so weit gefolgt, dass ihre Freundinnen sie zwischen all dem Kram nicht mehr sehen konnten. „Hier drin gibt es aber unzählige elektrische Dinge und nur eine einzige Steckdose. Vielleicht hat er dieses eine Gerät aus gutem Grund angeschlossen." Lisa zwängte sich zwischen Rudolph dem Rentier und einer gigantischen Zuckerstange hindurch und blieb abrupt stehen. „Oh." Sie blickte auf einen kleinen schwarzen Kasten zu ihren Füßen. Jetzt siegte auch bei Maja und Valerie die Neugier und sie folgten Lisa.

„Ist das ein ...", stammelte Valerie verdutzt, „... Projektor?"

Lisa nickte und drückte auf den kleinen roten Knopf. Sofort begann das Gerät zu leuchten und warf einen bunten Lichtstrahl an die Wand.

„Ein Weihnachtsbaum!" Maja lachte bei dem Anblick der Projektion vergnügt auf. „Hmm", machte Valerie. „Der Baum sieht aus wie die auf den Kisten."

„Stimmt!", rief Lisa. „Wobei ... schaut noch mal genau hin."

In welcher Kiste ist der nächste Hinweis?

Kiste A

Kiste D

Kiste H

Mehr dazu auf der nächsten Seite.

Finde die Kiste mit dem nächsten Hinweis

Maxis Kläffen kam näher und näher. Lisa hatte sich noch nie so sehr über das Gebell des Hundes gefreut. Aus der Ferne mischte sich jedoch auch ein anderes Geräusch hinzu und da wusste Lisa, dass ihnen jetzt wirklich nichts mehr passieren konnte.

„Hört ihr das? Die Polizei kommt!" Auch Valerie sah so aus, als falle ihr in diesem Moment nicht nur ein Stein, sondern ein ganzer Felsbrocken vom Herzen. Im nächsten Augenblick tauchte bereits das blinkende Blaulicht von zwei Polizeiautos auf. Eines bog ab und fuhr durch das Einfahrtstor, das andere brauste weiter die Straße entlang und umrundete das Grundstück.

„Wohin fahren die denn?", fragte Maja verdutzt.

„Vielleicht wollen sie Alfons Kirsche den Weg auch auf der anderen Seite abschneiden", überlegte Valerie.

Lisa war das alles ganz egal, denn sie wollte nur eines: Endlich ihren Onkel Arthur umarmen.

„Hier sind wir!", rief Lisa, während sie, dicht gefolgt von Maja und Valerie, hinunter zum Einfahrtstor stapfte. Zwei Polizisten kamen ihnen entgegen. Sie liefen, so schnell es ihnen nur möglich war, durch den tiefen Schnee, die Hand auf die Waffe an ihrem Gürtel gelegt und bereit, die beiden Einbrecher zu stellen. Jetzt hatte Lisa nicht mehr den geringsten Zweifel, dass alles wieder gut werden würde, und sie spürte, wie sich die Anspannung in ihrem Körper löste.

Onkel Arthur empfing sie mit weit ausgebreiteten Armen. Er drückte Lisa fest an sich und wirbelte sie im Kreis herum. „Ich bin so froh, dass es euch gut geht", sagte er und gab Lisa einen Kuss auf die Stirn. Maxi sprang vor lauter Freude wie ein Gummiball auf und ab. Ein tiefes Schluchzen entfuhr Lisa, so erleichtert fühlte sie sich. Sie hätte ihren Onkel am liebsten nie, nie wieder losgelassen. „Ich habe mir solche Sorgen gemacht, dass du mit dem kaputten Reifen im Straßengraben gelandet bist."

Onkel Arthur sah sie verwundert an. „Ich hatte zum Glück einen Ersatzreifen mit und bin nur ins Rutschen geraten, aber woher weißt du davon?"

„Wir wissen eine ganze Menge", sagte Valerie. Auch ihr stand die Erleichterung deutlich ins Gesicht geschrieben.

„Ja, zeig ihm, was wir gefunden haben",

drängte Maja. Jetzt erst ließ Lisa ihren Onkel los und zog voller Stolz die Schlüsselkarte hervor.

„Ach", stieß Onkel Arthur aus. „Dann habt ihr also den Alarm im Panikraum ausgelöst."

„Alarm?", fragten die Mädchen wie aus einem Mund.

„Ja, wenn man den Panikraum betritt, wird automatisch ein Alarmsignal an die nächste Polizeistation gesendet und auch ich bekomme eine Nachricht auf mein Handy geschickt."

Die Mädchen blickten einander verwirrt an. „Aber auf der Tür stand doch, dass man den Code eingeben muss, um den Alarm zu deaktivieren. Haben wir das Rätsel etwa falsch gelöst?", fragte Maja. Onkel Arthur grinste verschmitzt. „Nein, ihr habt alles richtig gemacht. Der Alarm wird trotzdem ausgelöst. Und wenn ich die Polizei nicht verständige, dass alles in Ordnung ist, wird sofort eine Einheit losgeschickt."

„Stehen bleiben und die Hände hoch!", ertönte es da aus der Ferne. Sofort verstummten die Mädchen und Onkel Arthur. Gebannt lauschte Lisa in die Dunkelheit und wartete mit angehaltenem Atem, was als Nächstes passieren würde.

„Wir ... wir ergeben uns!", rief Alfons Kirsche und seine Stimme klang dabei so angsterfüllt, dass er Lisa beinah ein bisschen leidtat. „Geschieht ihnen recht! Schließlich wollten sie Baldur entführen", sagte Valerie mit verschränkten Armen, und als Lisa an den schönen Hengst dachte, verflog ihr Mitleid schlagartig wieder.

Lest hier weiter!

Wenig später tauchten die beiden Ganoven in Begleitung von vier grimmig dreinblickenden Polizisten auf. Ihre Hände waren mit Handschellen gesichert und sie ließen die Köpfe hängen. Onkel Arthur sah seinen Konkurrenten überrascht an. „Sie? Sind sie etwa auch für die anderen Pferdediebstähle verantwortlich?"

Alfons Kirsche wandte Onkel Arthur sein kohlrabenschwarzes Gesicht zu. Er presste die Lippen zusammen und erwiderte kein Wort.

„Die Herren haben sich anscheinend als Schornsteinfeger verkleidet", scherzte einer der Polizisten.

Der Gorilla verzog den Mund. „Die Gören haben uns in den Keller gesperrt und wir mussten durch den Kohleschacht nach draußen klettern." Lisa konnte sich ein Kichern kaum verkneifen. Jetzt war ihr endlich klar, wie die beiden in die Freiheit gelangt waren.

„Ihr habt wohl eine Menge erlebt …" Onkel Arthur musterte die Mädchen, als müsse er sich vergewissern, dass sie noch heil waren.

„Könnt ihr uns erzählen, was genau passiert ist?", fragte der älteste der Polizisten.

Da begannen die drei Freundinnen, aufgeregt durcheinanderzureden.

„Langsam, langsam", sagte der Polizist. „Eine nach der anderen." Und so erzählten die Mädchen, was passiert war. Onkel Arthur und die Polizisten schüttelten erstaunt die Köpfe, während Alfons Kirsche mit den Zähnen knirschte. Vermutlich ärgerte er sich maßlos, dass ausgerechnet drei Kinder seinen Plan zum Platzen gebracht hatten.

„Ich kann es nicht fassen", sagte Onkel Arthur zu seinem Konkurrenten. „Aber eine Sache verstehe ich nicht … Wie sind Sie an den Code für die Stalltür gekommen?"

Alfons Kirsche erwiderte knapp: „Der alte Besitzer dieses Hauses ist kein so guter Freund, wie Sie dachten."

„Wie meinen Sie das?" Onkel Arthur runzelte die Stirn, aber Alfons Kirsche schwieg beharrlich.

„Wir halten Sie auf dem Laufenden, sollten wir noch etwas aus den beiden herausbekommen", versprach der Polizist. Onkel Arthur sah die Mädchen an und rieb sich fröstelnd die Hände.

„Wie wär's mit einer Tasse Tee und einem kuscheligen Bett? Ihr seid nach dem Abenteuer bestimmt müde."

„Oh ja!" riefen Lisa, Maja und Valerie im Chor. Jetzt, da die Anspannung nachgelassen hatte, spürten sie, wie erschöpft sie waren.

„Unglaublich!" Auch am nächsten Morgen fehlten Onkel Arthur die Worte. Während die Mädchen ihren Kakao schlürften, erzählten sie die Ereignisse des Vortags wieder und wieder. Plötzlich klingelte Onkel Arthurs Handy. „Oh, die Polizei! Da bin ich ja mal gespannt." Er hob ab und drückte auf die Lautsprechertaste, damit die Mädchen das Gespräch mitverfolgen konnten. „Wir haben noch ein paar Infos von den beiden Gaunern erhalten, die Sie vielleicht interessieren", sagte der Polizist am anderen Ende der Leitung. „Offensichtlich wusste Alfons Kirsche, dass der alte Besitzer Ihres Hauses bei Wettbewerben betrogen hat. Kirsche hat den alten Mann mit diesem Wissen erpresst und der hat ihm vor lauter Sorge, dass er die Preisgelder zurückzahlen muss, den Code der Stalltür und das Versteck des Ersatzschlüssels verraten."

Onkel Arthur machte ein finsteres Gesicht. „Da habe ich wohl aufs falsche Pferd gesetzt", brummte er. „Danke auf jeden Fall", sagte er noch, bevor er auflegte. Lisa merkte, dass der Anruf seine Laune getrübt hatte, und wollte ihn schnell wieder aufmuntern. Sie wusste auch schon ganz genau, wie sie das anstellen würde und fragte: „Können wir jetzt endlich mit dem Schmücken anfangen? Sonst sitzt du zu Weihnachten hier immer noch ohne Lichterketten und Dekoration."

„Du hast recht!" Onkel Arthur klatschte in die Hände. „Seid ihr bereit?"

„Ja!", riefen die Mädchen im Chor. Jetzt stand einer besinnlichen Adventszeit zum Glück wirklich nichts mehr im Weg.

Epilog

Die Reithalle war festlich geschmückt und es duftete nach Früchtetee und Lebkuchen. Lisa, Maja und Valerie drängten sich zwischen den vielen Menschen hindurch, um zu ihren Plätzen in der ersten Reihe zu gelangen. „Ich kann es kaum erwarten, Baldur endlich in Aktion zu sehen. Meint ihr, dass er gewinnen wird?" Maja sah sich mit glänzenden Augen um.

„Na klar", war Lisa überzeugt. Onkel Arthur hatte sie zu dem großen Wettbewerb eingeladen, der nur wenige Tage nach Heiligabend stattfand, und die drei Freundinnen hatten letzte Nacht vor lauter Vorfreude kaum schlafen können.

„Das ist das beste Weihnachtsgeschenk, das ich je bekommen habe", quietschte Valerie.

„Pssst!", zischte Maja. „Es geht los!"

Die Pferde, die an dem Wettbewerb teilnahmen, waren wunderschön, doch kein einziges konnte mit Baldurs Eleganz und Geschicklichkeit mithalten. „Er ist wirklich ein absoluter Champion!" Lisa klatschte begeistert in die Hände.

„Dein Onkel macht aber auch eine ganz gute Figur", sagte Maja und nickte bewundernd.

„Stimmt! Eine weitaus bessere als beim Aufhängen der Lichterketten." Lisa kicherte, als sie daran dachte, wie sie gemeinsam mit Onkel Arthur den Garten weihnachtlich geschmückt hatten. Dreimal wäre er fast von der Leiter geplumpst und dann hatte er sich einen so üblen Hexenschuss eingefangen, dass die Mädchen den Rest allein erledigt hatten. Das hatte ihnen sogar noch mehr Spaß gemacht, schließlich kannten sie das Haus nach ihrem Abenteuer in- und auswendig. Selbst der Geheimgang und der Panikraum hatten von den dreien ein paar weihnachtliche Schmuckstücke verpasst bekommen und während der ganzen Zeit mussten sie Onkel Arthur immer wieder haargenau berichten, wie sie Baldur gerettet und die Schlüsselkarte in Sicherheit gebracht hatten.

Als alle Teilnehmer des Wettbewerbs ihr Können gezeigt hatten, stand der Sieger ohne jeden Zweifel fest. „Hoch lebe Baldur!", rief Maja, als der Preisrichter Onkel Arthur den Pokal überreiche und Baldur eine goldene Schärpe um den Hals legte. Lisa war mächtig stolz auf die beiden.

Nach dem Wettbewerb trafen die drei Freundinnen Onkel Arthur hinter der Turnierhalle, wo er gerade dabei war, Baldur abzusatteln. „Herzlichen Glückwunsch!", rief Lisa.

„Danke, ihr Lieben!" Onkel Arthur strahlte über das ganze Gesicht und tätschelte seinem Pferd liebevoll die Flanke. „Heute hat er sich von seiner besten Seite gezeigt."

„Ich bin so froh, dass alles gut ausgegangen ist." Valerie streichelte sanft über Baldurs weiche Nüstern.

„Was ist eigentlich mit Alfons Kirsche passiert?", fragte Lisa. „Sitzt er noch im Gefängnis?"

Onkel Arthurs Gesicht verdunkelte sich für einen kurzen Moment. „Nein, die Polizei hat ihn nach einem ausgiebigen Verhör wieder freigelassen. Allerdings wird er die ganze Sache einem Richter erklären müssen und der wird entscheiden, welche Strafe ihn und seinen Komplizen erwartet. Wie nennt ihr den noch gleich?"

„Den Gorilla!", riefen die Mädchen gleichzeitig und kicherten.

„Sehr passend", fand auch Onkel Arthur. „Sagt mal ... habt ihr an Silvester schon etwas vor?"

Lisa warf ihren Freundinnen einen fragenden Blick zu, aber die schüttelten die Köpfe.

„Sollen wir etwa wieder ein paar Verbrecher für dich überführen?", fragte Lisa frech.

Onkel Arthur lachte. „Diesmal würde ich lieber einen gemütlichen Kinoabend mit euch veranstalten."

Dagegen hatten die drei Freundinnen natürlich gar nichts einzuwenden. „Und dann könnt ihr mir auch gleich dabei helfen, die Weihnachtsdekoration auf dem Dachboden zu verstauen."

„Ach, das schaffst du bestimmt auch allein", sagte Lisa und drückte ihrem Onkel einen dicken Kuss auf die Wange.

Die Lösungen

vom 1./ 4./ 7./ 10./ 13./ 16./ 19.
und 22. Dezember

10. Dezember

153

89   64

51   38   26

26   25   13   13

11   15   10   3   10

4   7   8   2   1   9

*Wenn du die Zahlen, die in der Pyramide nebeneinander-
stehen, zusammenzählst, erhältst du die Zahl darüber.
So kommst du auf die Lösung: 153.*

16. Dezember

Die Buchstabenfolgen V, VII und IX,
die die Mädchen in den vorherigen
Rätseln gesammelt haben, standen
im antiken Rom für Zahlen.
Diese werden auch heute noch gern
auf Uhren verwendet. Deswegen ergibt sich der Zahlencode:

5 – 7 – 9.

19. Dezember

3 + 2 + 1 = 6

22. Dezember

Zwirn und Sicherheitsnadel
braucht man zum Reiten nicht.
Deshlb lautet die Antwort
„B"

7. Dezember

Die Zahlen stehen für die jeweili-
gen Buchstaben im Alphabet.
Die 1 steht also für das A, die 12 für
L und so weiter. Also lautet die
Lösung: *Alfons Kirsche.*

13. Dezember

Sie müssen 24 Räume
durchqueren.

4. Dezember

SCHLÜSSEL

Wenn man die Seite gegen das Licht hält, ergeben die seltsamen Zeichen auf der Rätselseite und deren Rückseite das Wort
Schlüssel. Die richtige Lösung ist also: **Autoschlüssel.**

1. Dezember

Lösung: Tauscht man die
Buchstaben wie angegeben aus,
ergeben sich neue Wörter:
Wiege ⟼ Wiese
Winter ⟼ hinter
Maus ⟼ Haus
Onkel Arthur muss sich also auf der
Wiese hinter dem Haus befinden.

Die Lösungen

vom 2./ 5./ 8./ 11./ 14./ 17./ 20.
und 23. Dezember

8. Dezember

Wenn du ██ Baldur ██ wiederhaben willst, musst du ██ bezahlen ██. Wir verlangen ██ 200.000 Euro ██ ! Komm am ██ Samstag ██ um ██ Mitternacht ██ in den ██ Park ██ vom ██ Krankenhaus ██ Wir erwarten das ██ Lösegeld ██ in einem schwarzen ██ Koffer ██ . Diesen stellst du ██ unter ██ die große ██ Eiche ██ neben dem ██ Brunnen ██ . Warte nicht, sondern ██ verschwinde ██ sofort wieder. Und keine ██ Polizei ██ ! Sonst siehst du Baldur nie wieder! Weitere ██ Informationen ██ zur ██ Übergabe ██ des Gauls folgen per ██ Post ██ !

17. Dezember

Es ist die 3. Tastenkombination

	1	2	3	4
FARBE	gelb	grün	rot	blau
FORM	Baum	Geschenk	Glocke	Stern

5. Dezember
Schlüssel »S« ist der Richtige.

23. Dezember

A
B
C

11. Dezember

Hier muss man die seltsamen Wörter einfach rückwärts lesen. Also fang hinten beim letzten Satz an und arbeite dich nach vorne, dann erhältst du:

SCHAU IM WOHNZIMMER HINTER DEM FERNSEHER NACH. ACHTE AUCH AUF DEN WEISSEN RÖMER. DU WIRST IHN BRAUCHEN.

2. Dezember

Die gesuchten Begriffe, die neue Wörter bilden, lauten Korb, Schlaf, Zimmer und Hunde.
Onkel Arthur hat das erste Rätsel also bei einem seiner Haustiere versteckt, nämlich in Maxis Hundekorb im Schlafzimmer.

20. Dezember

Es ergibt sich das Wort „Bücherwurm"

Die Lösungen

vom 3./ 6./ 9./ 12./ 15./ 18.
und 21. Dezember

3. Dezember

Reitstiefel

12. Dezember

Jede Zeile enthält einen Hinweis, der für eine Zahl steht. Also bekommt man:

4 – 10 – 4 – 2 – 0 – 7

9. Dezember

5	3	17	21	7
12	8	19	6	8
18	23	1	9	2
10	8	9	12	14
8	11	7	5	22

Regal 17 – Fach 2 – Dose 11

21. Dezember

Wenn man sich den Text genau anschaut, dann erkennt man, dass ein paar Buchstaben hervorgehoben sind. Diese ergeben dann den Satz: Im Arbeitszimmer ist alles im Rahmen.

6. Dezember

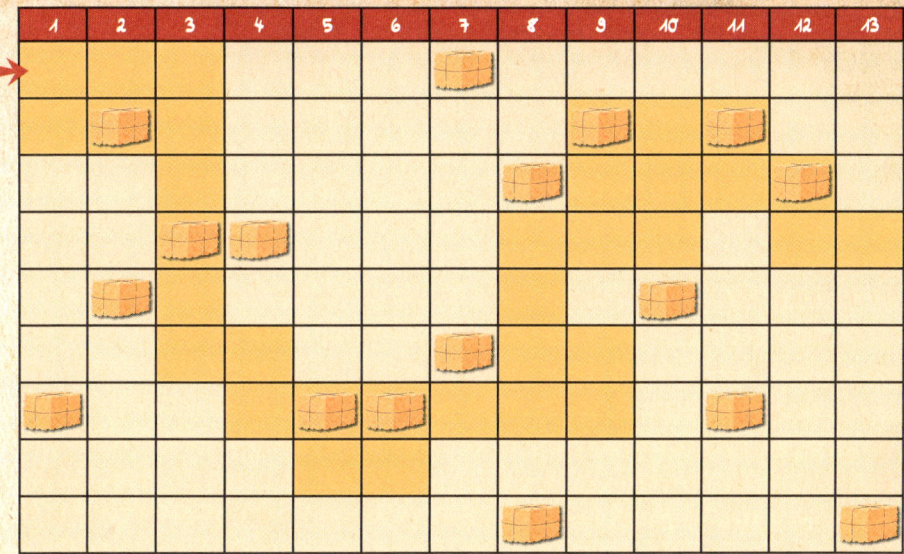

1	2	3	4	5	6	7	8	9	10	11	12	13

Die Pfeile führen dich an insgesamt 7 Strohballen vorbei.

18. Dezember

Auf der Rückseite vom 16. Dezember
siehst du an der Wand Symbole und
Buchstaben.
Die Symbole auf dem Sattel des
Holzpferds ergeben das Wort
„Buecher". Die Mädchen müssen also
in der Bibliothek weitersuchen.

15. Dezember

Kiste H
Nur ein Baum auf den Kisten
entspricht genau dem, der an
die Wand gestrahlt wurde.
In dieser Kiste finden die
Mädchen den nächsten Hinweis.

Bibliografische Information der Deutschen Bibliothek
Die Deutsche Bibliothek verzeichnet diese Publikation in der Deutschen Nationalbibliografie; detaillierte bibliografische Daten sind im Internet unter http://dnb.ddb.de abrufbar.

1. Auflage 2023
© 2023 Verlag Ernst Kaufmann, Lahr

Text und Konzept: Anna Lisa Kiesel   Illustration: Heidi Förster   Layout und Satz: Grafikdesign Storch/Ulrike Vohla, Rosenheim

Druck und Bindung: Graspo
ISBN 978-3-7806-1822-1